TEOLOGIA E OS LGBT+

Dados Internacionais de Catalogação na Publicação (CIP)
(Câmara Brasileira do Livro, SP, Brasil)

Lima, Luis Corrêa
 Teologia e os LGBT+ : perspectiva histórica e desafios contemporâneos / Luís Corrêa Lima. – 1. ed. – Petrópolis, RJ : Vozes, 2021.

Bibliografia

3ª reimpressão, 2022.

ISBN 978-65-5713-192-3

1. Gênero e sexualidade 2. Ministério – Igreja Católica 3. Ministtério cristão 4. Orientação sexual 5. Sacerdócio – Ensino bíblico 6. Sexualidade – Aspectos religiosos 7. Teologia cristã I. Título

21-56428 CDD-230.046

Índices para catálogo sistemático:
1. Teologia : Doutrina cristã   230.046

Aline Graziele Benitez – Bibliotecária – CRB-1/3129

LUÍS CORRÊA LIMA

TEOLOGIA E OS LGBT+

PERSPECTIVA HISTÓRICA
E DESAFIOS
CONTEMPORÂNEOS

EDITORA VOZES

Petrópolis

© 2021, Editora Vozes Ltda.
Rua Frei Luís, 100
25689-900 Petrópolis, RJ
www.vozes.com.br
Brasil

Todos os direitos reservados. Nenhuma parte desta obra poderá ser reproduzida ou transmitida por qualquer forma e/ou quaisquer meios (eletrônico ou mecânico, incluindo fotocópia e gravação) ou arquivada em qualquer sistema ou banco de dados sem permissão escrita da editora.

CONSELHO EDITORIAL

Diretor
Gilberto Gonçalves Garcia

Editores
Aline dos Santos Carneiro
Edrian Josué Pasini
Marilac Loraine Oleniki
Welder Lancieri Marchini

Conselheiros
Francisco Morás
Ludovico Garmus
Teobaldo Heidemann
Volney J. Berkenbrock

Secretário executivo
Leonardo A.R.T. dos Santos

Editoração: Maria da Conceição B. de Sousa
Diagramação: Sheilandre Desenv. Gráfico
Revisão gráfica: Alessandra Karl
Capa: Rafael Nicolaevsky

ISBN 978-65-5713-192-3

Este livro foi composto e impresso pela Editora Vozes Ltda.

Sumário

Prefácio – Quem nos separará?, 7
Introdução, 13
1 A sexualidade e a tradição judaico-cristã, 17
2 A emergência das questões de gênero e orientação sexual, 58
3 O mundo católico diante das questões de gênero e orientação sexual, 91
4 Homossexuais e o acesso ao sacerdócio ministerial, 126
5 Novas perspectivas, desafios teológicos e pastorais, 146
Considerações finais, 171
Referências, 183

Prefácio
Quem nos separará?

O propósito e projeto do Papa Francisco de colocar a "Igreja em saída" posiciona todos os cristãos de tradição católica em um movimento de conversão. Não por acaso, o papa afirma constantemente a necessidade da conversão nos âmbitos eclesial, pastoral, social e ecológico. A saída da Igreja de seus lugares fixos e confortáveis constitui um enorme desafio que exige restaurar corações e estruturas, inseparavelmente. É na relação empática e solidária entre sujeito-sujeito que a comunidade cristã se faz na fidelidade Àquele que assumiu nossas dores, se fez carne, se fez outro. Diálogo, acolhida e solidariedade são dinamismos inerentes à fraternidade cristã, sem os quais a Igreja pode tornar-se burocracia sem vida, estrutura sem afeto e lei sem misericórdia. Quando isso ocorre, perde-se o mais fundamental em nome do relativo, troca-se a fonte, o "coração do Evangelho", pelas formulações históricas destinadas a preservá-lo, impedindo de comunicá-lo a todos os homens e mulheres como dom que salva e liberta. A autorreferencialidade da Igreja mata sua razão de ser e sufoca sua missão: a fonte viva que é o Verbo encarnado e a missão que é levar o amor a todos os seres humanos, a começar pelos mais vulneráveis. Uma Igreja fechada em si mesma (na tradição, nas doutrinas, nas normas e nas estruturas) nega sua missão encarnatória, cujo limite é o próprio mundo configurado no espaço e no tempo com seus sujeitos e construções culturais e institucionais. Não podem escapar do dinamismo encarnatório da Igreja nenhum sujeito, nenhuma conjuntura e nenhuma construção humana. Aquele que se fez carne acolheu e integrou em seu amor todos os fracos, desceu à mansão dos mortos e venceu vitorioso como Senhor do universo integrou em si todas as coisas como primogênito de toda criatura demarca a dimensão da missão encarnatória da Igreja até o fim do mundo e dos tempos, até o último sujeito humano que clama por vida, até o último ser vivo que integra a casa comum. Nada e ninguém podem nos separar do amor de Cristo, sintetiza o Apóstolo Paulo (Rm 8,35-39). E, por conseguinte, ninguém pode ser separado do amor de Cristo. Toda exclusão é negação da fé cristã, pecado contra o amor, ruptura com a comunhão que vem de Deus.

As Igrejas nem sempre viveram esse dom e essa missão de sair, acolher e integrar. Ao contrário, muitas vezes, se fecharam em uma pretensa verdade única, em uma comunidade pura e em uma norma fixa. E quando isso ocorre o resultado é sempre a separação entre os puros e os impuros, os bons e os maus, os santos e os pecadores, os salvos e os condenados. A história de nossa Igreja é repleta de mecanismos ideológicos, políticos e legais que visaram expurgar os maus para se preservar como santa. E a lógica parece ser sempre a mesma: quanto mais poderosa for a instituição, mais se preserva, mais inimigos enxerga e mais exclui.

Toda autoafirmação tende a sucumbir-se em si mesma, como Narciso em sua autoimagem. O princípio e o método da Igreja em saída resgatam o sentido primeiro da Igreja que é ser sacramento do Reino de Deus no mundo. Entre a grandeza do Reino e a realidade do mundo, a Igreja coloca-se em atitude de renovação permanente para comunicar e servir. A história humana é seu lugar como anunciadora do mundo novo de justiça e paz, de comunhão de todos os sujeitos humanos. Na perspectiva do Reino de Deus ninguém pode ficar de fora do amor que se vive na comunidade cristã como testemunho e laboratório exemplar do que deve ser a sociedade.

Os estudiosos costumam caracterizar a Modernidade como movimento de "emergência do sujeito", quando as autonomias individuais vão se configurando como valor e práxis em todas as dimensões humanas, na economia, na cultura, na política, na religião e na ciência, e refazendo o velho regime feudal. As autonomias construíram a Modernidade como ideal, projeto, práxis e instituições. A longa temporalidade dessa construção revela uma grande complexidade, marcada por tensões entre passado e presente, entre religião e Estado, entre grupos sociais e entre individualidades e coletividades. A emergência dos sujeitos foi marcada por tensões e conflitos, sendo que, a cada sujeito individual ou coletivo que se apresentava como portador de direitos nos diferentes contextos corresponde uma luta concreta, feita de protestos e estratégias, de dores e mortes. As instituições modernas hegemônicas com seus aparatos políticos e suas normas – morais ou legais – expurgaram, de fato, os novos sujeitos emergentes, ainda que, muitas vezes, apregoando os direitos iguais como valor universal e como base constitutiva de seus ordenamentos. Nesse sentido, há que falar de uma modernidade ambivalente que se edifica a partir de uma autonomia que busca hegemonia e nega, por mecanismos de consenso ou de coerção, a emergência de novos sujeitos que reivindicam igualdade radical e participação. Foi o que ocorreu com a mulher na constituição francesa dos direitos humanos, com os povos colonizados perante os Estados modernos europeus, com os negros no berço da democracia ocidental dos Estados Unidos e vários outros. Os sujeitos homoafetivos estão posicionados como os últimos emergentes no fluxo da Modernidade; pagam como os demais sujeitos do passado o preço de suas identidades assumidas e autonomias reivindicadas. E, tanto quanto os do passado sofrem não somente as rejeições de suas legitimidades, como os preconceitos fundados em "teologias naturais", teologias que naturalizam as discriminações como queridas por Deus e inscritas na própria natureza.

E o cristianismo como se posicionou nesse longo processo histórico? Participou como agente construtor da contradição e como fundamento mais radical dos preconceitos e das negações de direito. Embora no seio do cristianismo não tenham faltado profetas defensores das minorias, de Bartolomeu de Las Casas ao Papa Francisco, os burocratas defensores da tradição fixa e da moral dos puros (cristãos brancos, homens, europeus e heterossexuais) mostraram suas forças e estratégias no decorrer da história. Os grupos LGBTs escrevem a história dessa contradição em nossos dias. E tanto quanto no passado, enfrentam ideias, valores, normas e leis que visam expor suas deficiências naturais, fundadas em versículos bíblicos ou em leis morais fundamentadas na ideia de natureza.

Do lado profético que resiste em nome do carisma cristão no seio da instituição religiosa, sujeitos e reflexões têm tomado a palavra com coragem e lucidez em defesa dessas minorias. Aos poucos a teologia busca novas formas de pensar a moral tradicional cristã e resgatar o mais fundamental da vivência cristã: o amor ao próximo sem restrições, a inclusão dos excluídos na comunidade de fé, o discernimento moral das realidades concretas. Tudo muito simples e básico do ponto de vista da fé cristã, porém tudo muito desafiante do ponto de vista da moral estabelecida.

O pesado edifício moral católico – com suas teologias, doutrinas e normas – expurga por si mesmo, também com seus mecanismos instituídos, os intentos de renovação como heterodoxos e hereges. Vale lembrar que a Teologia da Libertação construiu percursos práticos e reflexivos que integraram no centro da fé cristã precisamente os sujeitos excluídos; colocou a teologia em saída indo ao encontro desses sujeitos e ofereceu paradigmas e métodos que ativaram o círculo hermenêutico entre a práxis de Jesus de Nazaré e a práxis atual da Igreja. Os capítulos que compõem o livro traçam esse percurso, na medida em que oferecem dados da realidade sobre os sujeitos homossexuais, questões de gênero e sujeitos

LGBTs, retomam e releem as teologias da sexualidade presentes na tradição judaico-cristã e na tradição católica, oferecem parâmetros éticos para pensar teologicamente a questão, bem como perspectivas para a ação pastoral da Igreja. Uma obra que sistematiza o que ainda se espalha como fragmentos ou como causa latente dentro das reflexões teológicas mais ousadas. De fato, do ponto de vista das teologias pragmáticas e clericais usuais, prevalecem aquelas sintetizadas pela doutrina oficial e, do ponto de vista das vivências eclesiais, impera com frequência a hipocrisia que esconde os dados e reproduz a moral oficial.

A presente reflexão do teólogo Luís Corrêa Lima dá sequência à tradição metodológica, eclesial e mística de integração dos excluídos no coração da comunidade cristã e no seio da sociedade. No coração do evangelho se encontram a práxis de Jesus e a práxis da Igreja. É da fonte mais profunda da fé que se elevam as vozes dos excluídos por todos os mecanismos sociais, políticos e morais de ontem e de hoje. Da ética de Jesus ninguém pode ser expurgado em nome de leis, de teorias ou de teologias. A onipresença do Amor é um imperativo ético inegociável que renega todas as formas de exclusão e segregação. Nesse sentido, o cristianismo permanece em dívida ética com os homossexuais, ao menos em termos de sua doutrina oficial. Os grupos LGBTs denunciam com suas próprias existências uma sociedade e uma Igreja que ainda criam zonas de maldade irrecuperáveis, pecados sem perdão, mecanismos legítimos de exclusão. A reflexão que ora vem a público não pode temer o fato de que sua autêntica profecia evangélica provocará reações previsíveis dos ortodoxos profissionais. A reflexão expõe os preconceitos instituídos na sociedade e na Igreja e abre caminhos para outro paradigma moral que se encontra em construção desde a Exortação *Amoris Laetitia*. Ainda é cedo para calcular os efeitos renovadores desse paradigma na Igreja e na sociedade; porém, iniciativas como essa abrem espaços e desbloqueiam o proibido, colocam novos parâmetros para a reflexão e desafiam as verdades concluídas. Que as sementes ora lançadas por Luís Corrêa Lima fecundem novas reflexões e ajudem a "acompanhar, discernir e integrar a fragilidade", como conclama o Papa Francisco.

O autor expressa o objetivo do trabalho com precisão: "encorajar a derramar óleo e vinho nas feridas humanas e colaborar para o progresso da doutrina". Os sujeitos homossexuais organizados clamam por compreensão e acolhida na Igreja e por parte da Igreja, mesmo quando posicionados fora das comunidades eclesiais e, até mesmo, fora do universo de fé cristã. Se a teologia conseguir abrir caminhos novos poderá ao mesmo tempo amenizar os sofrimentos desses sujeitos ainda excluídos e oferecer insumos para um progresso da doutrina. Para os que acreditam em um corpo doutrinal fixo e imutável a situação é, não somente legítima, mas necessária para manter a fidelidade à tradição da Igreja. Vale relembrar com o Vaticano II e com Francisco que os teólogos podem ajudar a "amadurecer o juízo da Igreja" (*Evangelii Gaudium*, n. 40). Trata-se, com certeza, de um longo caminho de amadurecimento que exigirá, ainda, muita reflexão e revisões por parte do magistério da Igreja. Em fina sintonia com os ensinamentos de Francisco, o autor contribui com esse processo ainda incipiente que volta com coragem e fidelidade às exigências do Evangelho:

> A quantos sonham com uma doutrina monolítica defendida sem nuanças por todos, isto poderá parecer uma dispersão imperfeita; mas a realidade é que tal variedade ajuda a manifestar e desenvolver melhor os diversos aspectos da riqueza inesgotável do Evangelho (*EG*, n. 40)

João Décio Passos
Doutor em Ciências Sociais (PUC-SP)

Introdução

O meu envolvimento com pessoas LGBT+ e com este tema se deu a partir do ministério sacerdotal que exerço. Ao longo de muitos anos, encontrei pessoas nascidas e criadas na Igreja Católica que com o tempo se descobriram assim. Deram-se conta de ter tais características profundamente enraizadas, que são constitutivas de seu ser e parte de sua identidade. Este reconhecimento não se fez sem dores e conflitos penosos, inclusive com a própria crença e pertença eclesial. Felizmente eu encontrei caminhos abertos para realizar um apostolado com estas pessoas, bem como para aprofundar a reflexão sobre sua realidade. A Companhia de Jesus, ordem religiosa à qual pertenço, muito me apoiou. Na Pontifícia Universidade Católica do Rio de Janeiro (PUC-Rio), onde sou docente e pesquisador, surgiu a possibilidade de formar um grupo de pesquisa, registrado no Conselho Nacional de Pesquisa (CNPq), sobre diversidade sexual e de gênero, cidadania e religião.

Desta maneira, o apostolado seguiu junto com o estudo e a publicação de muitos textos e artigos sobre o tema. Em certo momento, surgiu o convite para publicar um livro. Dei-me conta de que era a oportunidade de elaborar algo mais abrangente sobre teologia e os LGBT+, de modo a reunir, articular e aprofundar ideias até então dispersas em diversas publicações.

O início da obra trata de sexualidade e sua relação com a tradição judaico-cristã. Este é o ponto de partida fundamental para se pensar a teologia diante das questões trazidas recentemente pelos estudos de gênero, que abrangem orientação sexual. Em seguida, faz-se um panorama histórico da emergência destas questões, da configuração da cidadania LGBT+ e das posições do mundo católico diante disso. O cristianismo não católico também merece ser contemplado, mas dada a vastidão do tema não foi possível fazê-lo nesta obra. Um capítulo é dedicado à questão do acesso de pessoas homossexuais ao ministério sacerdotal, dada à relevância atual do assunto. O último capítulo aponta perspectivas e desafios teológicos, bem como caminhos pastorais possíveis.

Pensar a realidade da população LGBT+ na perspectiva da teologia exige, antes de tudo, deixar-se sensibilizar por suas dores e conflitos penosos, bem como reconhecer seus talentos, contribuições e possibilidades. Tudo isto vêm à tona junto com a visibilidade desta população. Em muitos países, há uma forte aversão a ela que produz diversas formas de violência física, verbal e simbólica. Há pais de família que dizem: "prefiro um filho morto a um filho *gay*". Não são raros *gays* e lésbicas expulsos de casa por seus pais. Entre os palavrões mais ofensivos que existem em português, constam a referência à condição homossexual e à relação anal, que é comum no homoerotismo masculino. Ou seja, é xingamento. Muitas vezes, quando se diz: "fulano não é homem", entende-se que é *gay*; ou "fulana não é mulher", que é lésbica. Ou seja, ser homem ou ser mulher supostamente exclui a pessoa homossexual, relegada a uma sub-humanidade. No Brasil são frequentes os homicídios, sobretudo de travestis. Há também o suicídio de muitos adolescentes que se descobrem *gays* ou lésbicas, e mesmo de adultos. Eles chegam a esta atitude extrema por pressentirem a rejeição hostil da própria família e da sociedade. Homofobia e transfobia se enraízam profundamente na cultura. Tal hostilidade gera inúmeras formas de discriminação e, mesmo que não leve à morte, traz frequentemente tristeza profunda ou depressão.

No mundo religioso cristão, muitas vezes se fazem citações descontextualizadas da Bíblia ou simplificações indevidas da doutrina, com extrema rigidez e forte ímpeto condenatório dirigido aos LGBT+. Algumas vezes, elas e eles são considerados endemoninhados a serem exorcizados, ou são submetidos a oração de "cura e libertação" para mudarem sua condição ou identidade. Desta forma, o anúncio do Evangelho, que é Boa-nova, não cura feridas e nem aquece o coração, mas traz mais devastação. A Palavra do Deus da vida se torna palavra de morte.

Esta situação de opressão me leva a compartilhar uma experiência dramática vivida há alguns anos. Eu fui a um simpósio de direito homoafetivo na Universidade Católica de Pernambuco. Diante de um auditório lotado e vibrante, participei de em uma mesa redonda. Falei sobre o amor de Deus e a importância da consciência da pessoa. E alertei sobre o mal-uso que frequentemente se faz da Bíblia para condenar homossexuais. Após o final, um jovem me procurou e disse: "Padre, o senhor não sabe o bem que me fez! Eu ia me matar! Até escrevi uma carta de despedida para minha família, que está aqui na minha mochila". Eu fiquei pasmo. Conversei brevemente com ele, peguei o seu contato e lhe passei o meu. Pedi encarecidamente que daquele dia em diante nos mantivéssemos em contato. Voltei ao Rio de Janeiro. Três dias depois, o jovem me escreveu contando sua história. Resumidamente, é a seguinte:

> Eu fui criado na Igreja. A minha mãe é ministra da Eucaristia. O lugar onde eu mais gosto de estar é a Igreja. Por eu ser *gay*, o padre da minha paróquia fez um duro sermão em uma missa. Olhando para mim, ele disse que as pessoas homossexuais têm um demônio. Quanto mais elas vivem, mais pecam. É melhor que não vivam muito. E os outros fiéis balançavam a cabeça concordando. De tanto ouvir isto, e de tanto ver os outros concordarem, tomei uma decisão: "este demônio aqui não vai mais viver"! Eu decidi que no

15

dia 17 de setembro de 2011 iria a um prédio público de dezoito andares, e me atiraria do topo. Escrevi uma carta à minha família e coloquei na mochila. Quando esse dia amanheceu, peguei o ônibus rumo ao local. Porém, encontrei no ônibus um amigo que me disse: "vamos ao simpósio da (Universidade) Católica". Eu não queria ir, mas o meu amigo insistiu. Eu aceitei porque a Universidade ficava no caminho. De lá, eu seguiria para o prédio a fim de fazer o que tinha decidido. Ao chegar à universidade, vi na programação que à tarde um padre ia falar. Decidi ficar para ouvi-lo. Padre, quando o senhor fala, não imagina o que se passa na cabeça das pessoas que lhe ouvem. Suas palavras salvam vidas! Pelo amor de Deus, não pare!

Confesso que ao ler esta carta fiquei muito emocionado, como poucas vezes fiquei tão emocionado em minha vida. Em todos os meus anos de sacerdote, nunca tive uma experiência tão dramática quanto esta. Depois disso, este jovem e eu nos falamos com frequência por vários anos. Felizmente, ele superou a depressão em que estava e os desejos suicidas.

O tema da teologia e os LGBT+ está longe de ser uma questão meramente abstrata, mas tem uma incidência visceral e decisiva na vida de muitas pessoas. O Papa Francisco muito nos motiva a seguir neste caminho, pois ensina que o teólogo deve viver em uma fronteira, assumir os conflitos que afetam a todos e, com sua reflexão, derramar óleo e vinho nas feridas dos homens, como o bom samaritano do Evangelho (2015a). E também nos desafia ao afirmar que não se pode conservar a doutrina sem fazê-la progredir, nem prendê-la a uma leitura rígida e imutável sem humilhar a ação do Espírito Santo (2017b).

Enfim, o objetivo deste livro é encorajar a derramar óleo e vinho nas feridas humanas e colaborar para o progresso da doutrina. Nossas palavras podem salvar vidas, ou podem destruí-las. Oxalá as salvem.

1
A sexualidade e a tradição judaico-cristã

Introdução

A tradição judaico-cristã é um conjunto de ideias, valores, práticas e instituições que moldou povos e civilizações no Oriente e no Ocidente. Ela remonta a Jesus Cristo e a seus apóstolos e discípulos, que fundaram a Igreja e compuseram as Sagradas Escrituras, incorporando as Escrituras hebraicas e relendo-as em uma perspectiva própria. Esta tradição atravessa gerações e milênios, sempre se defrontando e se adaptando a novos contextos. Ela tem uma dialética de conservação e mudança, para que seus conteúdos permaneçam inteligíveis e relevantes. Um importante teólogo do século XX, Jean-Yvez Congar, dizia que a única maneira de se dizer a mesma coisa em um contexto que mudou é dizê-la de modo diferente (1984, p. 6). Nada é mais estranho à tradição do que o fixismo que recusa qualquer mudança, como um fóssil em um museu de história natural. Tradição não é tradicionalismo. Este é um equívoco que a conduz à ruína, pois lhe destrói a vitalidade e o dinamismo. Como um rio que recebe afluentes de sua bacia hidrográfica e se torna mais caudaloso, a tradição judaico-cristã atravessa os séculos interagindo com novas culturas e contextos, onde a Igreja deve interpretar os sinais dos tempos à luz da Palavra de Deus. Só assim a sua mensagem pode ser sempre Evangelho,

Boa-nova, que dá sentido à vida, cura as feridas e aquece os corações; e não um anacronismo estéril. Esta tradição, oriunda de Israel, inseriu-se no mundo greco-romano. Nela se desenvolveu posteriormente a teologia e seu olhar sobre a sexualidade. A palavra "sexo" vem do latim *seccare*, quer dizer dividir, partir, seccionar. A própria etimologia sugere que o sexo carrega em si a originalidade nascida da separação e a aproximação resultante de um desejo de volta às origens. O sexo está ligado à corporeidade. Nascemos da conjugação de dois corpos. Temos consciência de quem somos na relação com os corpos dos outros e com as demais realidades. A consciência de ser e de existir supõe a consciência de ser-com-os-outros e de coexistir. O corpo é o suporte simbólico da individualidade. As raças, as várias culturas e subculturas imprimem traços nos corpos das pessoas, como também as classes sociais e as profissões. Assim, o corpo de um trabalhador braçal ou de um trabalhador intelectual apresentam traços diferentes.

A sexualidade impregna toda a pessoa. Ela constitui uma dimensão fundamental do ser humano. Antes mesmo que intervenha a liberdade na elaboração de um projeto de vida, a sexualidade determina uma maneira feminina ou masculina de ser no mundo. Ela está presente em cada célula do ser humano e estará presente durante toda a vida. Vinte e quatro horas por dia somos homens ou somos mulheres. Tudo em nós é sexuado, mas nem tudo é sexual. Quando se fala da atividade ou do comportamento sexual, geralmente se trata de genitalidade. Esta é a parte organicamente destinada ao prazer e à procriação. É uma maneira privilegiada de exprimir a sexualidade que não a esgota. A sexualidade é o ser-homem ou ser-mulher enquanto diferentes um do outro. Mesmo fora de toda e qualquer atividade genital, o ser humano não deixa de ser totalmente sexuado em tudo o que faz e em tudo o que é (OCQ, 1976, n. 6). Estas afirmações são comumente aceitas, mas surgem questionamentos ao se tratar da diversidade sexual.

Para uma compreensão mais profunda do sentido da sexualidade é necessário relacioná-la à espiritualidade. Nossa sexualidade se estrutura a partir de um corpo, que é base de nossas relações biológicas, psíquico-afetivas, sociais e cósmicas, incluindo a dimensão espiritual. Na perspectiva teológica, nossos corpos são templos de Deus e destinados à glória da ressurreição. A nossa sexualidade é um canal privilegiado que interliga o amor humano e o amor divino. Esta dimensão espiritual, aberta à transcendência, não é facilmente compreendida em um contexto secular. Mas é sintomática a busca por uma literatura espiritual de diversos matizes religiosos. Parece indicar uma saturação dos prazeres meramente biológicos e imediatistas. A busca pelo sentido da vida e da felicidade exige algo mais, mesmo dos que não têm filiação religiosa (MOSER, 2016, p. 44-74).

O contexto antigo

O entorno do antigo Israel afetou fortemente a sua história, cultura e religião, seja por assimilação de conteúdos e práticas, seja por sua rejeição. A sexualidade e o matrimônio nas culturas vizinhas possuíam figuras arquetípicas do deus-pai e da deusa-mãe, que eram fontes de vida nos domínios divino, humano e natural. Mitos celebravam o matrimônio, a união e a fertilidade do casal divino, como Baal e Anat. Assim divinizavam a sexualidade e legitimavam o matrimônio, o intercurso e a fertilidade de cada casal terreno. Os rituais representavam os mitos e estabeleciam uma ligação concreta entre o mundo divino e o mundo terreno. Com isto, capacitavam os homens e as mulheres a compartilhar a ação divina e a eficácia desta ação. Os rituais sexuais abençoavam o intercurso sexual e garantiam que a fertilidade divina fosse compartilhada por plantas, animais e pelas esposas de um homem, pois todos estes seres eram importantes na luta pela sobrevivência naquelas culturas antigas (SALZMAN & LAWLER, 2012, p. 40).

O mundo greco-romano antigo, especialmente a cultura helênica, marcou bastante o judaísmo da diáspora e o cristianismo. Os judeus fora da Palestina, muito mais numerosos do que os seus correligionários palestinenses, traduziram as Escrituras para a língua grega. Esta é também a língua do Novo Testamento, que se tornou um componente cultural muito importante na vida de judeus e de cristãos. A cosmologia helênica influencia a tradição judaico-cristã com um forte desprezo do mundo e do ser humano, como se verá mais adiante. Nesta cosmologia, o mundo sublunar se opõe ao mundo supralunar, os corpos inferiores (*corpora inferiora*) aos corpos celestes (*corpora caelestia*). Abaixo da terra só existe o inferno. A terra ocupa a parte inferior e mais vulgar do mundo, porque entre os quatro existentes – água, terra, fogo e ar – ela é constituída pelo elemento menos nobre. A alma exilada do mundo celeste é prisioneira sobre a terra. A desvalorização da natureza é inseparável de uma depreciação do tempo. As coisas terrestres são vãs porque são fugazes. O ser humano não escapa deste desprezo. Plutarco, apoiando-se na Ilíada de Homero, afirma: "Nada é mais miserável do que o homem entre tudo o que respira e se move". Esta é uma herança da tradição helênica (DELUMEAU, 2003, vol. I, p. 19-21).

O conceito de família e algumas de suas características eram comuns em diversos povos do Mediterrâneo. O termo família vem do latim *famulus*, que significa escravo doméstico. Este termo é da Roma antiga, das tribos latinas ligadas à agricultura e à escravidão legalizada. Originalmente, família é o conjunto de escravos vivendo sob um mesmo teto. Ela se baseia no casamento e nos vínculos de sangue, constituída pelos cônjuges e seus filhos. O domínio do homem – marido, pai e senhor – era incontestável. Na antiguidade greco-romana, pelo menos entre mulheres e homens da elite, o intercurso erótico poderia ser buscado com outros parceiros além dos cônjuges. O concubinato, a prostituição e a relação masculina com escravos eram permitidos e comuns. É célebre a frase atribuída a Demóstenes: "Com efeito, as heteras (prostitutas) nós as temos para o prazer, as concubinas para o cuidado diário do corpo, mas esposas para que tenham filhos legítimos e mantenham a guarda fiel da casa" (DEMÓSTENES, 122. In: APOLODORO, p. 128).

O divórcio era facilmente disponível na Grécia e no final do Império Romano. Em ambos, legislava-se pela situação econômica das mulheres divorciadas. O aborto e o infanticídio eram normalmente aceitos como formas de controle de natalidade. O matrimônio não era uma questão de amor, o que não significa dizer que o amor conjugal estivesse sempre ausente entre os cônjuges. Dos homens se esperava que se casassem para gerar um herdeiro, mas para eles o amor maior residia na relação sexual ou de outra natureza com outros homens, pois entre eles havia uma igualdade que uma mulher jamais poderia alcançar (SALZMAN & LAWLER, 2012, p. 31-32).

A postura de gregos e romanos em relação à sexualidade se deve em grande parte a seus filósofos. O dualismo grego entre corpo e alma, inferiorizando o corpo, levou a uma desconfiança em relação ao sexo e à desqualificação do prazer sexual. Platão e Aristóteles consideravam o prazer sexual como um prazer inferior compartilhado com os outros animais. Platão defendia a sua superação em favor dos prazeres mais elevados do bem, da beleza e da verdade. Aristóteles, ao abordá-lo em termos gerais, defendia a sua moderação. O estoico Musônio Rufo considera o matrimônio uma instituição natural com dois objetivos: um é o intercurso sexual e a procriação, e o outro é a comunhão de vida entre os cônjuges, sendo esta a mais importante e louvável de todas as comunhões humanas. Rufo e Sêneca indagavam-se sobre a finalidade da atividade sexual, buscando ordená-la racionalmente. A resposta era a procriação. Portanto, esta atividade era moral somente quando praticada em prol da procriação. E os estoicos posteriores não só afirmaram que a atividade sexual se destinava à procriação, mas também que devia ficar restrita aos limites conjugais. O sexo fora do matrimônio era imoral. Os filósofos estoicos não só "conjugalizaram", mas também "procriacionalizaram" as relações sexuais (SALZMAN & LAWLER, 2012, p. 32-33, 42).

A tradição judaico-cristã

Há uma originalidade na Revelação bíblica sobre o amor e a sexualidade, que se manifesta claramente na ruptura que a religião judaica realiza em relação às outras religiões circundantes. Não existe uma deusa-mãe, uma deusa-amante ou uma deusa-esposa. Mesmo que Javé seja nomeado com o arquétipo de pai (Ex 4,22-23; Dt 1,31; Os 11,1; Is 1,2), este nome não tem relação com o mito da fecundidade, mas com o modo de Deus relacionar-se com o seu povo. A fé de Israel, como a fé cristã, refuta a existência de uma deusa-mãe junto ao Deus Pai. Desde as suas origens, excluem-se os mitos e os ritos sexuais. Em Israel não existe a hierogamia, casamento entre deuses, e a prostituição sagrada era proibida com pena de morte (Dt 22,1-19). Não se admite uma sacralização mítica da sexualidade humana. Esta é a via negativa na originalidade da revelação bíblica.

Havia também prescrições rituais e tabus sexuais. Elas não estão ligadas à moral, mas às categorias de puro e impuro no sentido ritualista. No fundo, tais prescrições detalhadas e rigorosas manifestam um certo temor diante do sexo, uma espécie de tabu. As motivações não são higiênicas ou estéticas, mas religiosas. Como em outros povos vizinhos de Israel e na população palestina, os fenômenos sexuais eram considerados como impedimento para a relação cultual com Deus (VIDAL, 2008, p. 12-16). A menstruação e o fluxo patológico tornam impura a mulher e todas as pessoas e os objetos tocados por ela durante sete dias (Lv 15,19-23). O parto torna a mulher impura durante sete dias no caso de dar à luz um menino, e quatorze dias no caso de uma menina. A mulher devia permanecer em casa 33 dias, proibida de ir ao santuário, se desse à luz um menino, e 66 dias se desse à luz uma menina (Lv 12,1-6). Todo o derramamento seminal torna impuro o homem, e o ato conjugal torna impuro o marido e a mulher até à tarde. Eles devem purificar-se com um banho ritualizado (Lv 15,16-18).

Com tudo isso, o amor conjugal é introduzido no âmbito da aliança. Os profetas servem-se da comparação do matrimônio humano para explicar as relações de Deus com o seu povo eleito. Javé é o esposo, e o povo é a esposa. O drama do casal humano, de amor e de infidelidade, de fecundidade e infecundidade, é a melhor comparação para se entender o drama das relações de Deus com seu povo. Oseias, Jeremias, Ezequiel e Isaías desenvolvem este tema com beleza literária e profundidade teológica. Quando o casal de Israel vive seu amor, sabe que realiza o mistério do amor de Deus para com seu povo. As qualidades do amor, como fidelidade, entrega e exclusividade, bem como suas falhas, sobretudo a infidelidade, recebem uma avaliação nova, ou seja, a valorização religiosa da história da salvação (VIDAL, 2008, p. 19-20).

Afirmava-se a dignidade do homem e da mulher, igualmente criados à imagem e semelhança de Deus (Gn 1 e 2), mas o domínio masculino em regime patriarcal era nítido. A mulher era propriedade do marido ou do pai, assim como a casa, o escravo, o boi e o jumento (Ex 20,17). Um pai podia vender suas filhas como escravas (Ex 21,7). O matrimônio era um acordo entre chefes de família, prescindindo do consentimento dos cônjuges. O homem podia ter mais de uma esposa, como o patriarca Jacó, e a função dela era gerar descendentes para a família do marido. Caso a esposa ficasse viúva e sem filhos, ela teria que se casar com o cunhado para cumprir esta função. É a chamada Lei do Levirato (Dt 25,5-10). Com o tempo, o matrimônio foi se tornando monogâmico. Os ensinamentos bíblicos, entretanto, não são homogêneos. Há diferentes matizes. Um dos seus gêneros literários, o sapiencial, soube articular a fé judaica com a sabedoria humana de diferentes culturas e propôs um ideal de amor e sexualidade com riqueza expressiva e conteúdo antropológico. Nele se destaca o Cântico dos Cânticos. É um hino ao amor humano, onde se encontra uma afirmação sem reservas da sexualidade e do erotismo humano. Segundo alguns estudos exegéticos, esta obra se inspira na literatura cortesã do Egito e reflete um certo humanismo da época salomônica. Para E. Schillebeeckx:

> [...] a obra, que possivelmente está vinculada a uma festa de bodas, não trata tanto sobre o amor conjugal como sobre a beleza física e o amor sensual de dois jovens. O mesmo ambiente em que foi composta, a corte no tempo dos reis do antigo Israel, não permite pensar na influência de uma tradição profética posterior, que pintava a aliança divina com a roupagem do matrimônio. [...] O Cântico constitui, deste modo, um contrapeso saudável a todas as outras correntes do Antigo Testamento que consideram o matrimônio, quase exclusivamente, como meio de perpetuar o clã e o povo. Provavelmente para reagir contra os ritos da fecundidade, o Cântico não exalta as glórias da família numerosa, mas elogia sobretudo o amor humano (In: VIDAL, 2008, p. 21-22).

O Cântico sempre causou estranheza aos intérpretes, em dúvida se se trata de um ode ao amor divino ou ao amor humano. Por muitos séculos, os comentaristas cristãos não quiseram atribuir ao amor erótico um lugar nos escritos sagrados, devido a pressupostos negativos sobre a sexualidade. Por isto, prudente e alegoricamente optaram por um significado espiritualizado. O Cântico trataria do amor de Javé por Israel, assim como do amor de Deus pela alma individual. Mas este livro foi incluído no cânon hebraico antes que houvesse qualquer sugestão de sua interpretação alegórica. A fé de Israel não via a natureza profana do livro como um impedimento para aceitá-lo como Escritura Sagrada. O teólogo Karl Barth considera o Cântico como uma "segunda Carta Magna", que desenvolve a visão de relacionamento proposta no segundo capítulo do Gênesis, onde se observa a igualdade entre o homem e a mulher. O Cântico dos Cânticos pode ser uma alegoria sobre o amor divino, mas apenas de modo secundário. Ele pode aplicar-se ao amor espiritual, mas de forma derivada. A realidade primeira é o amor humano, erótico, um amor que torna todo amante "doente de amor" (2,5). Este livro em nada lembra a degradação do desejo sexual e do prazer em Platão e em Aristóteles, pois ele é uma celebração do amor humano e do desejo sexual dos amantes. A história cristã patriarcalizou bastante o relacionamento sexual igualitário entre homem e mulher, institucionalizou-o nos limites do matrimônio e da procriação, e seguiu Platão e Aristóteles em sua suspeita a respeito do prazer sexual (SALZMAN & LAWLER, 2012, p. 44-46).

Com a vinda de Jesus Cristo, a Revelação chega à sua plenitude, reconhecendo-se que "Deus é amor" (1Jo 4,8). Jesus é a manifestação viva do amor de Deus Pai que tanto amou o mundo (Jo 3,16) e enviou o Seu Espírito ao coração dos fiéis. Jesus não determinou uma forma especial de matrimônio, mas exigiu o cumprimento do ideal do amor existente "desde o princípio" no primeiro casal humano, de que os dois se tornam "uma só carne". Até então, Deus não o exigiu por condescendência pedagógica diante da "dureza do coração". O ensinamento de Jesus quer levar à realização plena a realidade do amor tal como está dado pelo Criador. O relato dos evangelhos (Mc 10,1-12; Mt 19,3-12) não deve ser interpretado como uma lei, mas como uma proclamação profética da realidade profunda do amor conjugal, bem como da possibilidade de levá-lo a esta plenitude dentro da fé cristã (VIDAL, 2008, p. 23-24).

Este ideal tem uma força ainda maior no contexto da sociedade patriarcal do tempo de Jesus. A mulher que não mais encontrasse "graça aos olhos do marido", podia ser despedida mediante uma *ata de divórcio* (Dt 24,1). Somente o marido podia tomar a iniciativa. E não encontrar graça aos olhos do marido era um conceito que dividia os rabinos na interpretação da Lei de Moisés. Alguns restringiam esta cláusula somente ao adultério. Outros a expandiam aos motivos mais fúteis: se a mulher deixasse de ser bela, tivesse deixado queimar a comida, tivesse verrugas ou mau hálito. O divórcio fragilizava muito a mulher naquela sociedade em que ela dependia do homem. A mulher despedida estava exposta à miséria, à mendicância e à prostituição. Tal era a situação das viúvas que, por não terem marido ou pensão do Estado, tinham dificuldade de sobreviver. Por isso a pregação dos profetas defendia o órfão, o estrangeiro e a viúva, que eram os segmentos sociais mais fragilizados, expostos à miséria e à opressão.

O teólogo Bernard Häring, desejando dar uma resposta à situação dos divorciados, fez uma importante consideração sobre a indissolubilidade do matrimônio entendida como preceito. Segundo ele, há dois tipos de preceito: o preceito-meta e o preceito-limite. O preceito-meta é um ideal, e o preceito-limite é a lei. A casamento indissolúvel é Evangelho, Boa-nova, que está no nível da graça e é dom de Deus. É um preceito-meta, um ideal que nem todos são capazes de alcançar. É algo que não se pode realizar por força de lei, seja civil ou canônica (LIMA, 2000, p. 641-649). Por isso é necessário buscar caminhos pastorais para lidar com esta situação, como fez o Papa Francisco em sua Exortação pós-sinodal sobre a família.

Além de Jesus, outra referência fundamental da tradição judaico-cristã é o apóstolo Paulo. Jesus pregou a proximidade do Reino de Deus (Mc 1,15). Paulo estava convencido de que "a figura deste mundo passa" (1Cor 7,31). A interpretação de qualquer afirmação do Novo Testamento a respeito da sexualidade deve levar em conta este pressuposto. Paulo contesta os ascetas e gnósticos que determinavam o celibato para todos os cristãos, dizendo que o matrimônio é bom ainda que apenas para evitar os pecados sexuais. Ele afirma a igualdade entre homem e mulher no casamento e o dever recíproco: "a mulher não dispõe de seu corpo, mas é o marido quem dispõe. Do mesmo modo, o marido não dispõe do seu corpo, mas é a mulher quem dispõe (1Cor 7,4).

Os escritos paulinos, porém, incluem cartas posteriores à morte do apóstolo, feitas por seus discípulos. Estas cartas levam o nome de Paulo por um processo de paternidade literária que é comum na Bíblia, assim como outros textos são atribuídos a Moisés, Davi ou Salomão sem que eles necessariamente sejam os autores. Nas cartas pós-paulinas há uma nítida subordinação da esposa ao marido: "o marido é o chefe da mulher, como Cristo é o chefe da Igreja" (Ef 5,23). Mas este "como" faz uma grande diferença. O comando de um marido cristão sobre sua mulher deve ter como referência o comando de Cristo sobre a Igreja. E o modo como Cristo exerce esta autoridade não deixa dúvida: "o Filho do Homem não veio para ser servido, mas para servir e dar a sua vida em resgate por muitos" (Mc 10,45). A *diakonia*, serviço, é o modo cristão de se exercer a autoridade. Por isso, a autoridade conjugal modelada em Cristo não significa controlar, dar ordens ou fazer exigências não razoáveis, reduzindo a outra pessoa à escravidão de caprichos. Significa serviço por amor (SALZMAN & LAWLER, 2012, p. 47-49).

O Novo Testamento valoriza a doutrina do Gênesis sobre a igualdade, atração e complementaridade dos sexos. Há uma afirmação contundente na Carta de Paulo aos Gálatas (3,27-28): "Vós todos que fostes batizados em Cristo vos revestistes de Cristo. Não há mais judeu ou grego, escravo ou livre, homem ou mulher, pois todos vós sois um só em Cristo Jesus". Isto não suprime a realidade sexual, mas deve ser entendido em uma perspectiva religiosa. É Cristo que dá valor ao ser humano, não o sexo, nacionalidade ou classe social. Entre batizados que se revestiram de Cristo, a diferença entre homem e mulher perdeu a sua importância e a sua força desagregadora. Pode-se dizer que há duas visões sobre as mulheres na Bíblia: a submissa e a igualitária. As duas precisam ser discriminadas em um diálogo que inclua a Bíblia, a tradição cristã e a experiência humana contemporânea (SALZMAN & LAWLER, 2012, p. 39).

No mundo cristão, o domínio masculino no matrimônio atravessou muitos séculos sem contestação. Em 1880, o Papa Leão XIII afirmou: "O marido é o chefe da família e a cabeça da mulher; e esta, portanto, porque é a carne da sua carne e os ossos dos seus ossos, não deve sujeitar-se a obedecer ao marido como escrava, mas como companheira". Consolidando a sociedade doméstica com o vínculo da caridade, nela floresce o que Santo Agostinho chama a ordem do amor. Esta ordem implica a superioridade do marido sobre a mulher e os filhos, e a pronta sujeição e obediência da mulher. Se o homem é a cabeça, a mulher é o coração, como ensinou o Papa Pio XI. Se ele tem o primado do governo, ela deve se ocupar do amor. O modo de sujeição da mulher ao marido pode variar segundo a diversidade de pessoas, tempos e lugares. E mesmo se o homem faltar com seu dever na direção da família, compete à mulher supri-lo. Mas em nenhum tempo e lugar é lícito subverter ou prejudicar esta estrutura essencial da família e sua lei estabelecida por Deus (Pio XI, 1930, n. 10).

A Revelação cristã sobre o amor humano traz uma novidade, que é a descoberta da virgindade. Pode-se viver o amor humano de uma forma completamente nova. O Antigo Testamento não conheceu o ideal da virgindade. Pelo contrário, a virgindade era um contravalor. O celibato de Jeremias (cap. 16) simboliza a inutilidade de Israel e a calamidade dos tempos que impedem de se contrair matrimônio. A filha de Jefté, antes de ser sacrificada, se entristece não por ter que morrer, mas por morrer sem ter se casado e gerado filhos (Jz 11,40). Com a vinda de Cristo, surgem o conceito e a realidade do amor virginal. O Cristo celibatário anuncia e realiza os novos tempos em que adquire sentido também a dimensão virginal do amor humano, com sua fecundidade espiritual. O Novo Testamento expõe e completa o mistério da virgindade cristã, iniciado na pessoa de Jesus, nos Evangelhos (Mt 19,10-12; 22,30; Lc 14,26) e nos escritos paulinos (1Cor 7).

Tanto o amor conjugal quanto o amor virginal têm como fonte o mistério do amor de Cristo à Igreja. Este mistério não pode ser traduzido na vida cristã somente na instituição matrimonial ou na instituição virginal; necessita de ambas. Os cristãos de Corinto, diante da novidade do tempo cristão, queriam pôr fim ao matrimônio. Paulo, porém, recorda-lhes a sua vigência, pois ainda que "a figura deste mundo passe" (1Cor 7,31), o matrimônio durará até o retorno de Cristo. Mas o matrimônio deve ser "no Senhor" (1Cor 7,39), participando da plenitude de seu mistério, que o ultrapassa. A sexualidade tem também uma dimensão escatológica, relacionada ao destino último do ser humano, à medida que torna mais presente o Reino de Deus ao despertar afeto, produzir justiça e criar amor comprometido (VIDAL, 2008, p. 25-25, 103).

Na Igreja primitiva houve um desejo de regularização da vida sexual. A doutrina sobre os pecados da sexualidade, porém, não ocupa um lugar de primeira importância nas preocupações no Novo Testamento. Este ensinamento aparece com frequência no gênero literário moral de catálogos de vícios e virtudes, procedente do judaísmo pós-bíblico com influência do ambiente helenista. Nos catálogos de vícios (Rm 1,29-31; 13,13; 1Cor 5,10-11; 6,9-10; 2Cor 12,20-21; Gl 5,19-21; Ef 4,31;5,3-5; Cl 3,5-8; 1Tm 1,9-10;

2Tm 3,2-4) aparecem frequentemente em primeiro plano a idolatria, associada muitas vezes às desordens sexuais, a impureza e a ganância. Os principais pecados sexuais que o Novo Testamento enumera são a fornicação e o adultério. O termo empregado para fornicação, *porneia*, aplica-se à infidelidade religiosa (Ap 17-19) e aparece na cláusula sobre o divórcio (Mt 5,32;19,9). Mas no grego clássico significa luxúria: relação sexual entre homem e mulher fora do matrimônio, que pode ser fornicação estrita (1Cor 6,12-20), adultério (1Cor 7,2) ou incesto (1Cor 5,1).

Mesmo com catálogos de vícios e virtudes, o Novo Testamento não fornece nenhuma casuística de moral sexual, nem indica orientações concretas para cada uma das situações do comportamento sexual (VIDAL, 2008, p. 28-35). Segundo o Carlo M. Martini, biblista e cardeal-arcebispo emérito de Milão, a Igreja pode e deve se orientar pela Bíblia. Mas a Bíblia é sóbria em declarações sobre a sexualidade. Em relação ao adultério, traça uma clara linha de conduta: é absolutamente proibido destruir um matrimônio alheio. E também é muito clara quando se trata de violência contra a mulher. Isso é proibido. Jesus coloca no centro as crianças e todos que precisam de proteção. O trato com elas revela qual o grau de humanidade alcançado pela sociedade. Além destas linhas claras ensinadas pela Bíblia, os cristãos estão entregues à própria responsabilidade e ao discernimento dos espíritos (MARTINI & SPORCHILL, 2008, p. 122-123). Neste discernimento, cabe reconhecer os diversos movimentos interiores e ideias que incidem na liberdade da pessoa, e distingui-los. O que vem de Deus e a Ele conduz, deve ser acolhido. O que vem do mal e afasta de Deus, deve ser evitado.

Nos primeiros séculos da Igreja, há testemunhos da regularização da vida sexual. Já no século II, Justino responde às acusações romanas sobre a imoralidade sexual dos cristãos em sua Apologia. Ele afirma: "Nós, ou nos casamos desde o princípio para a única finalidade de gerar filhos, ou renunciamos ao matrimônio, permanecendo absolutamente castos" (JUSTINO, 1995, p. 45).

Clemente de Alexandria, por sua vez, vai mais além, dizendo que a única finalidade do intercurso sexual é a de gerar filhos, e que qualquer outra finalidade deve ser excluída: "Um homem que se casa para a procriação de filhos deve exercer a continência, para que não deseje sua esposa a quem deve amar, e para que possa criar filhos com castidade e vontade moderada. Pois não somos filhos do desejo, mas da vontade". Orígenes, também de Alexandria, argumenta que o homem que mantém relações sexuais somente com sua esposa, "e com ela somente em determinadas épocas legítimas e somente pelos filhos", é verdadeiramente circuncidado. No século IV outro alexandrino, Atanásio, afirma que "abençoado é o homem que, em sua juventude, é unido em matrimônio para a procriação de filhos", mas também que "há dois modos de vida, um inferior e vulgar, a saber, o matrimônio; e outro, angelical e supremo acima de tudo, a saber, a virgindade" (In: SALZMAN & LAWLER, 2012, p. 54-55).

Os gnósticos, os encratistas (que condenavam o matrimônio) e os maniqueus deixaram suas marcas. A doutrina cristã, até mesmo a oficial, não se viu livre de certa prevalência da virgindade e da continência sobre o matrimônio, levando a um certo desequilíbrio perigoso em relação ao ensinamento da Sagrada Escritura. O estoicismo está na raiz da visão unilateral da sexualidade voltada exclusivamente para a procriação. Mesmo que autores cristãos do passado citassem abundantemente o mandamento bíblico primordial "crescei e multiplicai-vos" (Gn 1,28), o contexto da Bíblia traz uma visão mais ampla da sexualidade. O ensinamento paulino sobre a virgindade e o matrimônio não insiste na relação entre sexualidade e procriação. A insistência maçante em justificar o ato sexual unicamente pela finalidade procriadora procede em grande parte do estoicismo. Rufo teve grande influência no pensamento cristão. Deste autor latino se conservam também fragmentos em grego, nos quais ele se opõe à contracepção e declara ilegítimo buscar somente o prazer no matrimônio, excluindo a procriação.

A noção cristã grega da natureza da sexualidade, semelhante à dos filósofos estoicos, é assimilada pelos cristãos latinos. No início do século IV, ela é bem expressa pelo norte-africano Lactâncio:

> Da mesma forma que Deus nos deu os olhos, não para contemplarmos e gozarmos o prazer, mas para que através deles vejamos os atos que afetam as necessidades vitais, assim a parte genital do corpo não nos é dada, como o próprio nome ensina, para outra coisa a não ser produzir descendência. A esta lei divina devemos obedecer com grande devoção (LACTANCIO, 1990, VI, 23).

Este ensinamento era comumente aceito e atravessou séculos. Por sua própria natureza o intercurso sexual destina-se a gerar filhos. Qualquer outro uso é imoral, pois contraria esta natureza que é lei divina. E todo intercurso sexual em que a concepção é impossível é igualmente imoral. A licitude do ato sexual sem intensão imediata de procriação não aparece como doutrina comum até o século XVII. O surgimento de outros motivos que justificassem o ato conjugal foi lento e penoso (VIDAL, 2008, p. 38-44).

Um autor que marcou profundamente a cultura ocidental é Santo Agostinho, bispo de Hipona. Sobre o matrimônio, ele diz: "O bem do matrimônio, o qual até mesmo o Senhor no Evangelho confirmou, [...] parece tratar-se não apenas da procriação dos filhos, mas também do companheirismo/amizade natural [*societas*] entre os sexos. De outro modo, não poderíamos falar de matrimônio entre idosos" (*De bono coniugali*, PL 40, 380). Com relação ao intercurso sexual, ele afirma que só é bom quando se destina à geração de filhos, seguindo a posição dos estoicos e dos alexandrinos. Após a queda de Adão, qualquer outro uso, até mesmo entre casais no matrimônio, é no mínimo um pecado venial.

Comete-se um pecado venial quando, em matéria leve, não se observa a medida prescrita pela lei moral ou quando, em matéria grave, se desobedece à lei moral, mas sem pleno conhecimento ou sem total consentimento. Para o bispo de Hipona, "o intercurso sexual conjugal pelo bem da descendência não é pecaminoso. Mas o intercurso sexual, ainda que com o próprio parceiro ou parceira, para satisfazer a concuspiscência [desejo desordenado] é um pecado venial" (*De bono coniugali*, PL 377-378).

Segundo Agostinho, antes da queda de Adão e sua expulsão do paraíso, "o homem semearia e a mulher receberia o sêmen quando e quanto fosse necessário, sendo os órgãos de geração movidos pela vontade, não excitados pela libido". O ser humano dominaria estes órgãos como domina os pés, as mãos, os dedos e os pulmões, podendo respirar, soprar, falar, cantar ou gritar. "Ao homem foi possível também sujeitar os membros inferiores, faculdade que perdeu por sua desobediência" (*A cidade de Deus*, XIV, 24). O ser humano teria o controle de sua atividade sexual, com uma vontade regida pela razão e não arrastada pelo desejo. Porém "depois de o homem, elevado a honrosa posição, delinquir, assemelhou-se aos animais irracionais e engendra como eles, conservando-se sempre nele uma pequenina centelha de razão que faz aparecer nele a imagem de Deus" (*A cidade de Deus*, XXII, 24). Portanto, a animalidade irracional predomina na atividade sexual humana e na procriação, ainda que reste algo da razão.

A doutrina do pecado original, baseada nos primeiros capítulos da Bíblia, marcou profundamente o pensamento cristão incluindo o campo da sexualidade. Até hoje se ensina que no início da história humana houve um homem e uma mulher criados em um estado de santidade, dispensados da morte e vivendo em harmonia com a natureza circundante (*Catecismo*, 1997, n. 390 e 398-400), em um ambiente e em uma situação tradicionalmente chamados de paraíso terrestre. O pecado cometido pelo primeiro casal humano no paraíso é transmitido a todos os demais pela geração, junto com as suas consequências, tornando-se pecado próprio de cada ser humano. Hoje há quem defenda que seja reconsiderada a enormidade atribuída à falta primeira, bem como a condenação à morte e a culpabilidade hereditária resultante. Seria melhor se falar do "pecado do mundo" que Jesus vem tirar, conforme o Evangelho de João (1,29), para significar que todos nós nascemos em um mundo no qual o pecado já existe. Um mundo no qual a maldade, o orgulho, a vontade de poder e a conscupiscência se acumularam desde o início da humanidade (DELUMEAU, 2007, p. 77-94).

Mesmo que hoje muitos cristãos reconsiderem o relato bíblico e tal doutrina, até o século XVIII o pecado original com suas consequências era a explicação mais amplamente aceita para a maioria dos males que afligiam a humanidade. O castigo divino que punia Adão e seus descendentes estava presente não só na morte de cada pessoa, mas também nas catástrofes naturais, cumprindo as Escrituras: "maldita seja a terra por tua causa. [...] tu és pó e ao pó hás de voltar" (Gn 3,17-19). O olhar pessimista sobre o mundo, a matéria, o corpo, o sexo e a procriação são bem notáveis no passado.

A impureza do sexo mesmo quando lícito se relaciona com o desprezo do mundo e do homem, oriundo do helenismo, que se desenvolve na tradição judaico-cristã. O livro do Eclesiastes lamenta a vaidade das vaidades (*vanitas vanitatum*), pois em tudo há "vaidade e aflição do espírito. Nada há de proveitoso debaixo do sol" (Ecl 2,11). Paulo afirma que "o tempo que passamos no corpo é um exílio longe do Senhor" (2Cor 5,6). Isto é um eco da ideia platônica de corpo como cárcere da alma. A palavra "mundo" nos evangelhos é ambígua: ora se refere ao campo onde crescem juntos o joio e o trigo, os filhos do reino e os filhos do maligno (Mt 13,38); ora se refere à criação e ao ser humano amados por Deus, que tanto os amou a ponto de dar seu filho único (Jo 3,16);

e ora se refere aos que odeiam Cristo e seus discípulos (Jo 15,18). Frequentemente este último sentido de mundo prevaleceu, carregado de pessimismo e desconfiança.

Já na antiguidade cristã se desenvolve o monaquismo como *fuga mundi*, fuga do mundo, um ideal de vida cristã celibatária e retirada do convívio ordinário. Os monges se tornam os sucessores dos mártires como modelo de entrega da própria vida por amor a Cristo e ao evangelho. Para o monge Pedro Damião, do século XI, o mundo laico é essencialmente concupiscente. Deixar o ambiente secular e ingressar num mosteiro é "sair de Sodoma". Sociedade laica e sociedade corrompida são sinônimos e nela é difícil alcançar a salvação. Há uma depreciação de todas as tarefas terrenas e uma suspeição lançada também sobre os padres que não são monges, porque "próximos dos laicos e misturados a eles pela vizinhança geográfica, a maioria já não se distingue de sua maneira de viver e seus costumes desregrados" (In: DELUMEAU, 2003, vol. I, p. 31).

Por muitos séculos na cristandade os clérigos são quase os únicos a se exprimirem por escrito. O cristão ideal é o monge. O calendário dos santos admitiu quase somente bispos, monges e religiosos de congregações. Eventualmente, alguma princesa prematuramente viúva que passa o resto de sua vida na penitência e na assistência aos pobres. São Bernardo de Claraval compara o mundo a um vasto mar que se deve atravessar para alcançar a salvação. Os monges vão por uma ponte e não se molham. O clero secular dispõe da barca de Pedro. As pessoas casadas, desafortunadamente, devem atravessar a nado e muitas se afogam no percurso. Alguns leigos piedosos, na impossibilidade de se tornarem monges, esforçam-se por se aproximar da vida monástica. São Luís, rei de França, pratica numerosas mortificações e recita a liturgia das horas, levantando-se de madrugada para a oração da manhã. Muitos leigos, no final de sua vida, pedem para ser sepultados vestidos com hábito monacal (COMBY, 1993, p. 144).

Um dos maiores expoentes cristãos do desprezo do mundo e do ser humano é o Cardeal Lotário de Segni, futuro Papa Inocêncio III (1198-1216). Ele é autor de uma obra sobre a miséria da condição humana com uma difusão muito vasta. São conhecidas 47 edições, das quais se preservam até hoje 672 manuscritos. Para Segni, "o homem é formado do pó, da lama, da cinza e daquilo que é mais vil, do esperma imundíssimo. [...] Ele nasceu para o trabalho, para o medo, para a dor e, o que é pior, para a morte". Citando o Salmo que diz "eis que eu nasci na iniquidade e em pecado minha mãe me concebeu" (51,7), ele comenta:

> Quem de fato ignora que o acoplamento conjugal jamais ocorre sem o prurido da carne, a fermentação do desejo e o odor da luxúria? Assim toda a descendência, pela sua própria concepção, é corrompida, maculada e viciada, já que a semente transmite à alma que lhe é infundida a mancha do pecado, a marca da culpa, a sujeira da iniquidade. Da mesma maneira um líquido se corrompe se despejado num vaso poluído e, tocando o que é poluído, polui-se pelo contato (SEGNI, 1978, p. 93 e 99).

Cabe aqui considerar a antropologia subjacente. Antes do século XIX não se conhecia o óvulo. Acreditava-se que na ejaculação do homem estava contido o ser humano inteiro em miniatura, um homúnculo, que logo recebia de Deus a alma imortal. Daí o nome "sêmen", mesma raiz de semente. Este homúnculo deve ser colocado no ventre da mulher como a semente é depositada na terra. Como o pecado original é transmitido aos demais seres humanos pela geração, é através do sêmen que se dá esta transmissão. Vindo do prurido da carne, da libido e da luxúria, é o "esperma imundíssimo" que impregna na alma recém-gerada a mancha do pecado, a marca da culpa e a sujeira da iniquidade.

O desprezo do mundo e de si também está presente em outra obra ainda mais difundida: A *Imitação de Cristo*, de Tomás de Kempis, publicada no século XV. A sua tiragem só é superada pela Bíblia. Kempis afirma:

> Eis a lição mais alta e mais útil: o verdadeiro conhecimento e o desprezo de si. [...] Somos todos frágeis, mas não julgues nenhuma pessoa mais frágil do que tu. [...] É uma verdadeira miséria viver sobre a terra! Quanto mais alguém se torna espiritual, mais a vida presente se torna amarga, porque se sente melhor e se vê mais claramente a fragilidade e a degradação humanas. [...] Infeliz de quem ignora sua miséria. Mais infeliz ainda é aquele que ama esta vida miserável e perecível (cap. I, 2 e 22).

A espiritualidade cristã associou o autodesprezo ao sofrimento e à dor como caminho de santificação. O frei dominicano Luís de Granada, autor do célebre *Guia dos pecadores* (1556-1557), afirmou que lá onde estão os sofrimentos do mundo estão os favores do céu; lá onde estão as resistências da natureza estão os socorros da graça, mais poderosa que a natureza. Mas é preciso tratar o corpo com rigor e dureza. A carne morta se conserva com o sal e a mirra, que é muito amarga, senão ela se estraga e se enche de vermes. Assim também o corpo se corrompe e se enche de vícios se for tratado com solicitudes e delicadezas (In: DELUMEAU, 2003, vol. I, p. 49-50). Este frei preconiza, em síntese, o "santo ódio de si mesmo" e a mortificação de todas as paixões, por ele chamadas de apetite sensitivo. Esta é a parte mais baixa de nossa alma, que nos torna mais semelhantes aos animais (GRANADA, 2007, p. 233).

Muitos ensinamentos e atitudes da Igreja em relação à sexualidade se encontram em manuais do sacramento da penitência, conhecidos como penitenciais. Esta literatura se desenvolveu entre os séculos VI e XII. Os penitenciais contribuíram para uma perspectiva moral que focaliza os atos individuais, considerando a vida moral como uma questão de evitar o pecado, e transformando a reflexão moral em uma análise do pecado em suas muitas formas. No século XIII, porém, a escolástica valoriza o relacionamento pessoal e a igualdade, em certo nível, entre marido e mulher. Boaventura chama a amizade entre os cônjuges de sacramento da relação entre Deus e a alma. O amor mútuo entre cônjuges não é uma preocupação exclusivamente moderna (SALZMAN & LAWLER, 2012, p. 63-66).

Na época moderna, a partir do século XVI, a moral sexual é exposta em dois âmbitos: no tratado sobre e sexto e o nono mandamentos, e no tratado sobre o matrimônio. Na fórmula catequética, o sexto mandamento é não pecar contra a castidade. Originalmente é "não cometerás adultério" (Ex 20,14), mas a doutrina cristã nele incorporou outros ensinamentos bíblicos relativos à sexualidade. Castidade vem do latim *castus*: que se ajusta, se conforma às leis ou às regras, correto. O nono mandamento é não cobiçar a mulher do próximo (Ex 20,17). Os teólogos de Salamanca procuraram provar que toda a moral sexual está contida, mais ou menos explicitamente, nestes dois mandamentos do decálogo. Por mais que se queira ampliar o horizonte do decálogo, é difícil alcançar através de suas formulações todo o amplo campo da moral sexual.

A castidade, enquanto aspecto positivo da sexualidade, á considerada pelos manuais de moral casuística a partir de uma concepção biologista e genital da sexualidade. O vício contrário a ela, a luxúria, teve o mesmo nivelamento reducionista. O pecado sexual é definido a partir dessa mesma perspectiva, situado na "atuação dos órgãos genitais" ou no uso indevido do "líquido seminal". A noção de prazer vem misturada com aderências de uma mentalidade neoplatônica. Às vezes, relacionam-no ao pecado original, cujos efeitos incluem a depravação de todo prazer humano e, mais concretamente, do prazer sexual (VIDAL, 2008, p. 54-59). Esta realidade é denominada "concupiscência", apetite desordenado por prazeres desonestos, contrários à razão, resultado da propensão natural dos seres humanos a fazerem o mal, como consequência do pecado original.

A relação sexual entre pessoas casadas, mesmo que lícita e correta, continha certa impureza. O catecismo do Concílio de Trento, no século XVI, estabelecia que para se receber a Eucaristia um casal devia se abster temporariamente de sexo: "Requer ainda a dignidade de tão sublime Sacramento que as pessoas casadas se abstenham por alguns dias, a exemplo de David que, antes de receber do sacerdote os pães de proposição, afiançou que ele e seus soldados, desde três dias, estavam longe das esposas (1Sm 21,5)" [CAT. ROMANO, parte II, cap. IV, § 54]. Os párocos devem ensinar aos fiéis que de vez em quando se abstenham das relações conjugais, por amor às orações e súplicas que fazem a Deus. Isto deve acontecer não só no mínimo de três dias antes de se receber a Eucaristia, mas também durante o tempo em que se observa o "santo jejum da Quaresma", de acordo com as prescrições deixadas pelos santos padres (CAT. ROMANO, parte II, cap. VIII, § 34).

Pode-se fazer um balanço da influência do dualismo helênico e do neoplatonismo na doutrina sexual dos padres da Igreja e na história da moral cristã. Esta influência se manifesta através de uma metafísica depreciativa da matéria, bem como numa perspectiva de abstenção da atividade sexual, mesmo no matrimônio. Nota-se a influência encratista: em proibições, como acima, que hoje parecem escandalosas; em concepções negativas do ato conjugal como "não sem inconvenientes" ou "permitido, mas escabroso"; no pessimismo diante de todo o sexual; na concepção da virtude da castidade com forte ênfase na restrição e na abstenção; no ascetismo como meio de encontrar uma vida mais pura, dedicada à contemplação. Somente no início do século XX os moralistas aceitaram a liceidade da busca do prazer moderado entre esposos fora do ato conjugal (VIDAL, 2008, p. 40-42).

O pessimismo diante de todo o sexual é bem exemplificado nas memórias de Marc Oraison, um sacerdote católico que escreveu sobre sexualidade e teve problemas com a autoridade religiosa. Em 1955, o seu livro sobre vida cristã e problemas de sexualidade, resultado de sua tese de doutorado, foi incluído no Índice de Livros Proibidos, um instrumento de controle criado no tempo da Contrarreforma, no século XVI, que vigorou até o Concílio Vaticano II (1962-1965). Antes dessa decisão, ele foi chamado pelo Santo Ofício, atual Congregação para a Doutrina da Fé, e relata o encontro que teve:

> O marco era grandioso e triunfalista por empregar uma palavra de conciliação. Encontrava-me só, perdido num amplo salão profusamente decorado, sentado sobre uma cadeira rodeada de duas poltronas enormes, uma à esquerda e outra à direita. Em cada poltrona um cardeal: Pizardo, chefe supremo do Santo Ofício, depois do papa, e Ottaviani, seu adjunto. O primeiro começou a falar, e ainda ressoam em meus ouvidos algumas de suas frases. Esta foi a ideia geral: meu livro era pernicioso e "perturbava os costumes"; punha em perigo a moral. Para uma boa educação da sexualidade, nada melhor que o medo do inferno e uma alimentação à base de féculas. Quanto aos futuros sacerdotes, disse-me textualmente: "Para a pureza nos seminários não há nada como o terror, os espaguetes e os feijões verdes". Fiquei em pedaços (ORAISON, 1969, p. 195).

Não obstante o pessimismo diante da sexualidade, houve transformações importantes no campo do matrimônio e da família. No século XII, surge na Cristandade ocidental uma compilação do direito eclesiástico. Uma novidade sem precedentes na história é introduzida: o consentimento do casal como condição necessária para a validade do matrimônio. O consentimento podia ser dado tanto no futuro quanto no presente. Quando dado no futuro, chamava-se pacto nupcial, e o processo era conhecido como *sponsalia* ou esponsais. Os integrantes do casal tornavam-se cônjuges. Quando o consentimento era dado no presente, chamava-se matrimônio, e o processo era conhecido como *nuptialia* ou núpcias. Os integrantes do casal tornavam-se noivos. O primeiro intercurso sexual entre os cônjuges geralmente se dava após o pacto nupcial. Com muita frequência, sobretudo no campo, o casamento na Igreja era realizado quando a mulher ficava grávida, às vezes perto do final da gravidez. Em uma sociedade na qual a procriação era central para o matrimônio, o intercurso sexual testava a fertilidade que se esperava.

Esta prática só muda após o Concílio de Trento. Para proibir o matrimônio clandestino, ninguém mais poderia alegar que o matrimônio era efetivado no pacto nupcial. Ele só poderia ser efetivado em uma cerimônia religiosa pública denominada casamento. O pacto nupcial perdeu seu caráter público e se tornou uma questão familiar interna, chamada noivado, um prelúdio ao matrimônio que não conferia aos seus integrantes os direitos matrimoniais, incluindo o intercurso sexual. Um casal de noivos jamais poderia ser confundido com um casal casado, que havia celebrado o casamento (SALZAMAN & LAWLER, 2012, 275-279).

Dentre os objetivos do matrimônio, a procriação sempre teve a primazia. Em 1917, o Código de Direito Canônico hierarquiza estes objetivos: "O fim primário do matrimônio é a procriação e a educação da prole; seu fim secundário é a assistência mútua e o remédio para a concupiscência" (Cân. 1013,1). Mas aos poucos se introduz uma compreensão personalizada do matrimônio, expressa nesta Encíclica de Pio XI:

> Esta mútua formação interior dos cônjuges com a assídua aplicação em se aperfeiçoarem reciprocamente, pode dizer-se com toda a verdade, como ensina o Catecismo Romano, que é causa primária e razão de ser do matrimônio, não se considerando já por matrimônio, no

sentido mais restrito, a instituição destinada à legítima procriação e educação dos filhos, mas, no sentido mais amplo, a comunidade, o uso e a sociedade de toda a vida (PIO XI, 1930, n. 9).

Em meados do século XX, os estudos bíblicos avançaram para além do sentido literal das Sagradas Escrituras, e terão consequências na teologia e na moral. Pio XII ensina que há "gêneros literários" na Bíblia. O que os autores sagrados exprimem não é tão claro como nos escritores do nosso tempo, diz o papa. O seu significado não se pode determinar só pelas regras da gramática e da filologia, mas também pelo contexto mais amplo dos tempos antigos do Oriente. O intérprete atual deve se servir da história, da arqueologia, da etnologia e das outras ciências para examinar e distinguir claramente que gêneros literários empregaram de fato os escritores daquelas épocas remotas. Com um justo conceito da inspiração bíblica, não se deve estranhar que nos autores sagrados, como também em seus contemporâneos, encontrem-se certos modos de expor e contar, certas particularidades idiomáticas, especialmente das línguas semíticas, certas expressões aproximativas ou hiperbólicas, talvez paradoxais, que servem para gravar as coisas mais firmemente na memória. Nenhum dos modos de falar dos antigos, especialmente entre os orientais, é incompatível com as Sagradas Escrituras, uma vez que o gênero adotado não repugna à santidade e verdade de Deus (PIO XII, 1943, n. 20).

As questões de sexualidade, família e bioética, bem como as questões sociais, têm como referência teórica imprescindível a chamada lei natural, muito presente no ensinamento da Igreja Católica e na teologia. Na Bíblia, o mundo é criação divina, feito segundo a razão do criador (*logos*), de modo a manifestar a sua sabedoria (Jo 1,1-3). Supõe-se haver na criação uma racionalidade que pode ser conhecida pelo ser humano e orientar a sua ação. Há também uma lei inscrita no coração humano que orienta os seus juízos éticos, conforme o Apóstolo Paulo (Rm 2,12-16). Como bem resume o Papa Bento XVI, o ser humano recebeu dons preciosos do Criador como o próprio corpo, a razão, a liberdade e a consciência; e aí se encontram também tudo aquilo que a tradição filosófica chama de lei natural. Todo ser humano com consciência e responsabilidade experimenta um chamado interior para realizar o bem e evitar o mal. Sobre este princípio fundam-se todos os outros preceitos da lei natural. A escuta da palavra de Deus leva em primeiro lugar a prezar a exigência de viver segundo esta lei inscrita no coração. E Jesus Cristo, *logos* ou verbo encarnado, dá aos homens a nova lei, do evangelho, que assume e realiza de modo sublime a lei natural. Esta nova lei confere aos homens a participação na vida divina, por meio da graça, e a capacidade de superar o egoísmo (BENTO XVI, 2010, n. 7-9).

Os preceitos da lei natural, portanto, têm que ser compatíveis com a Revelação divina, pois ambas provêm do mesmo Deus criador e redentor. Associada à lei natural, está a linguagem da criação. Deus, criando e conservando todas as coisas pelo verbo, oferece aos homens um testemunho permanente de si mesmo na criação (*DV* 3). Como no centro da revelação divina está o mistério de Cristo, é preciso reconhecer que a própria criação também constitui parte essencial de uma sinfonia de diversas vozes na qual o verbo único se exprime. A criação é comparada a um livro: *liber naturae* (livro da natureza). Ela nasce do *logos* e traz o sinal indestrutível da razão criadora que a regula e guia. Esta certeza está expressa nos Salmos: "Pela palavra do Senhor foram feitos os céus; pelo sopro da sua boca, todos os seus exércitos" (Sl 33,6). O livro da natureza é uno e indivisível, seja a respeito do meio ambiente, seja a respeito da vida humana e do seu desenvolvimento integral (BENTO XVI, 2009, n. 51).

A lei natural é como a nascente de onde brotam os direitos humanos fundamentais e os imperativos éticos. Ela é o baluarte contra o arbítrio do poder e os enganos da manipulação ideológica. Os cientistas têm uma contribuição importante a dar. Além da capacidade de domínio sobre a natureza, eles podem ajudar a compreender a responsabilidade do ser humano pelo seu semelhante e pela natureza que lhe é confiada. Assim, é possível desenvolver um "diálogo fecundo entre crentes e não crentes; entre filósofos, juristas e homens de ciência". Este diálogo fecundo também oferece ao legislador um material precioso para a vida pessoal e coletiva (BENTO XVI, 2007).

A Igreja reconhece, porém, que a expressão lei natural é fonte de numerosos mal-entendidos atualmente. Por vezes, designa simplesmente uma submissão resignada às leis físicas e biológicas da natureza, quando o ser humano busca, e com razão, dominar e orientar estes determinismos para o seu bem. Por vezes, esta lei é apresentada como um dado objetivo que se impõe de fora da consciência pessoal, independentemente do que elabora a própria razão e a subjetividade. É suspeita de introduzir uma forma de heteronomia insuportável à dignidade da pessoa humana livre. Outras vezes também, ao longo de sua história, a teologia cristã justificou muito facilmente com a lei natural posições antropológicas que, em seguida, mostraram-se condicionadas pelo contexto histórico e cultural. Hoje, convém propor esta doutrina em termos que manifestem melhor a dimensão pessoal e existencial da vida moral. A lei natural não deve ser apresentada como uma lista de preceitos definitivos e imutáveis, ou como um conjunto de regras já constituído que se impõe previamente ao sujeito. Esta lei é o fundamento de uma ética universal, uma fonte de inspiração objetiva para o processo de tomada de decisão do sujeito, que é eminentemente pessoal (CTI, 2009, n. 10, 59 e 113).

A tradição moral católica sempre reconheceu dois princípios heurísticos, para a descoberta e compreensão de seus próprios conteúdos: a natureza humana, estudada pelos diversos tipos de conhecimento humano, e a palavra de Deus, pronunciada na Bíblia, transmitida pela tradição cristã e acolhida pela fé. Com relação à sexualidade, pode-se endossar Bernhard Häring: "Podemos serenamente afirmar que a Igreja Católica, sob guia do magistério, conservou sempre o essencial da mensagem bíblica sobre a sexualidade, mesmo admitindo que as dissonâncias, parciais, foram mais profundas" (HÄRING, 1973, p. 925).

O Concílio Vaticano II (1962-1965) e a contemporaneidade

Diversos valores da sociedade moderna foram assimilados pela Igreja Católica no Concílio Vaticano II. Este afirma solenemente que as alegrias e as esperanças, as tristezas e as angústias dos homens de hoje, sobretudo dos pobres e dos que sofrem, são também as alegrias e as esperanças, as tristezas e as angústias dos discípulos de Cristo. Toda a realidade humana deve encontrar eco em seu coração, pois a Igreja está intimamente ligada à humanidade e à sua história (*GS* 1). Rompe-se assim com o desprezo do mundo, do ser humano, e com a *fuga mundi* que prevaleceram durante tantos séculos na história do cristianismo. O Concílio legitimou a separação entre Igreja e Estado, realidade já consolidada em muitos países, e a autonomia da ciência.

A ligação íntima da Igreja com a humanidade e sua história a impele a evangelizar de maneira adaptada à realidade dos povos. Deve haver um intercâmbio permanente entre a Igreja e as diversas culturas. Ela reconhece que necessita da ajuda dos conhecedores das várias instituições e disciplinas, sejam eles crentes ou não. Os fiéis precisam saber ouvir e interpretar as várias linguagens ou sinais dos tempos, sobretudo os pastores e teólogos, para avaliá-los adequadamente à luz da Palavra de Deus, de modo que a verdade divina seja mais intimamente percebida, melhor compreendida e apresentada de um modo conveniente (*GS* 4 e 44). A correta evangelização, portanto, é uma estrada de duas mãos, de intercâmbio entre a Igreja e as culturas contemporâneas.

Além da atenção aos sinais dos tempos, o Concílio encoraja os estudos bíblicos que avançam para além do sentido literal das Sagradas Escrituras, no caminho aberto por Pio XII. A Revelação divina é expressa de diversos modos. O leitor deve buscar o sentido que os autores sagrados em determinadas circunstâncias, segundo as condições do seu tempo e da sua cultura, pretenderam exprimir servindo-se dos gêneros literários então usados (*DV* 12). Na atividade pastoral, por sua vez, não bastam os princípios teológicos, mas também o auxílio de ciências profanas, principalmente a psicologia e a sociologia, para conduzir os fiéis a uma vida de fé mais pura e adulta (*GS* 62).

Salta aos olhos no Concílio o profundo apreço pela liberdade de consciência da pessoa humana, associada ao dever de buscar a verdade. Esta liberdade é o direito de a pessoa agir segundo a norma reta da sua consciência, e o dever de não agir contra ela. Nela está o "sacrário da pessoa", onde Deus está presente e se manifesta. Pela fidelidade à voz da consciência, os cristãos estão unidos aos outros homens no dever de buscar a verdade, e de nela resolver os problemas morais que surgem na vida individual e social (*GS* 16). Nenhuma palavra externa substitui a reflexão e o juízo da própria consciência. Anos depois, o *Catecismo da Igreja Católica* aprofunda esse ensinamento e cita o cardeal John-Henry Newman, importante teólogo do séc. XIX: "a consciência é o primeiro de todos os vigários de Cristo" (CIC, 1997, nº 1778). É ela quem primeiro representa Cristo para o fiel. As tarefas e atividades seculares competem aos leigos como próprias, embora não exclusivamente. Cabe à sua consciência previamente bem formada, imprimir a lei divina na vida da cidade terrestre. Dos sacerdotes, os leigos devem esperar a luz e a força espiritual. Mas "não pensem que os seus pastores estão sempre de tal modo preparados que tenham uma solução pronta para qualquer questão, mesmo grave, que surja, ou que tal é a sua missão" (GS 43).

Diante desta liberdade e autonomia dos fiéis, destinatários da mensagem de Cristo e pertencentes a diferentes nações, raças e culturas, a Igreja quer ser um sinal da fraternidade que torna possível e fortalece o diálogo sincero. Isto exige o reconhecimento de toda a legítima diversidade e promoção, na própria Igreja, da mútua estima, respeito e concórdia para se estabelecer entre os que formam o Povo de Deus um diálogo cada vez mais fecundo. O Concílio deseja que o que une os fiéis entre si seja bem mais forte do que o que os divide, e exorta: "haja unidade no necessário, liberdade no que é duvidoso, e em tudo caridade" (GS 92).

Com relação ao matrimônio e à família, afirma-se que a íntima comunidade da vida e do amor conjugal tem seu fundamento no Criador e é dotada de leis próprias. Ela é instituída por meio da aliança matrimonial entre homem e mulher, pelo consentimento pessoal irrevogável. O amor conjugal autêntico é assumido no amor divino, dirigido e enriquecido pela força redentora de Cristo e pela ação da Igreja em favor da salvação, para que os esposos caminhem eficazmente para Deus, e sejam ajudados e fortalecidos em sua missão sublime paterna e materna. A família cristã, nascida de um matrimônio que é imagem e participação da aliança de amor entre Cristo e a Igreja, manifesta a presença viva do Salvador no mundo e a autêntica natureza da Igreja, por meio do amor dos esposos, pela sua generosa fecundidade, unidade e fidelidade, e pela amável cooperação de todos os seus membros (GS 48).

Este amor tem a sua expressão e realização no ato próprio do matrimônio, o ato sexual. São honestos e dignos os atos pelos quais os esposos se unem em intimidade e pureza. Realizados de modo autenticamente humano, exprimem e alimentam a mútua entrega pela qual os cônjuges se enriquecem um ao outro na alegria e na gratidão (*GS* 49). Portanto, não já não se vê mais o prurido da carne, a fermentação do desejo e o odor da luxúria que devem afastar temporariamente o casal do Sacramento da Eucaristia, além de corromper, macular e viciar toda a descendência.

Para o Concílio, os esposos cristãos dão glória ao Criador e caminham para a perfeição em Cristo quando procriam com responsabilidade generosa, humana e cristã. Há um apreço especial pelos que, de comum acordo, com prudência e grandeza de ânimo, educam uma prole numerosa. Ao mesmo tempo se reconhece o valor dos matrimônios em que não foi possível ter descendentes. Mesmo que faltem os filhos, tantas vezes ardentemente desejados, o matrimônio conserva o seu valor e indissolubilidade, como comunidade e comunhão de toda a vida (*GS* 50).

A hierarquia de fins do matrimônio, do código canônico de 1917, foi rejeitada, bem como o termo "contrato", substituído pela palavra bíblica "aliança" (*foedus*). Esta tem os mesmos resultados jurídicos que contrato, mas situa o matrimônio em um contexto bíblico, teológico e interpessoal, e não tem uma conotação exclusivamente jurídica. Aliança sugere a conexão com as alianças eternas entre Deus e Israel, e entre Cristo e a Igreja. O modelo anterior de matrimônio era uma instituição procriativa, na qual o intercurso sexual era uma ação primariamente voltada para este fim. O modelo pós-conciliar é uma união interpessoal, na qual o intercurso sexual é uma ação primariamente unitiva. O teólogo protestante Karl Barth certa vez lamentou que a doutrina cristã tradicional do matrimônio, tanto católica quanto protestante, situava-o em categorias jurídicas e não teológicas. A Igreja Católica corrigiu este desequilíbrio com o Concílio (SALZAMAN & LAWLER, 2012, p. 72-75, 283).

O modelo patriarcal de família, com o domínio masculino, declinou em todo o mundo ao longo do século XX. A Declaração

Universal dos Direitos Humanos, promulgada pela Organização das Nações Unidas em 1948, estabeleceu o livre-consentimento dos cônjuges na contração do matrimônio, e também a igualdade de seus direitos nesta união (Art. XVI). Por sua vez, a Igreja Católica, a partir do pontificado de João XXIII, considera a Declaração da ONU um ato de altíssima relevância e aprecia o ingresso da mulher na vida pública, bem como a sua reivindicação de paridade de fato e de direito com o homem (JOÃO XXIII, 1963, n. 41 e 140; *GS* 9).

Dessa forma, de Trento ao Vaticano II consolidaram-se importantes mudanças com respeito ao matrimônio. As relações sexuais entre cônjuges são puras e honestas, e não mais os afastam temporariamente da Eucaristia. A chefia do matrimônio é dividida igualmente entre homem e mulher, como ocorre na legislação civil de muitos países, incluindo o Brasil. No nível do direito, não há mais o domínio masculino sobre a mulher. A ideia de contrato matrimonial é substituída pela ideia de aliança, com seu componente interpessoal e teológico. E os fins do matrimônio não são mais hierarquizados, mas passam a ter o mesmo valor.

A regulação dos nascimentos, por sua vez, gerou tal polêmica no Vaticano II que se optou por não haver pronunciamento a este respeito. A solução encontrada foi encaminhar a questão a uma comissão subordinada ao papa para estudá-la, com vista a uma decisão posterior do pontífice (*GS* 51, nota 14). Até então, havia na tradição cristã uma forte primazia da procriação na vida conjugal e no intercurso sexual. Porém, em 1880 a Cúria Romana afirmou que é lícito o ato sexual nos dias em que a concepção é mais difícil. Este uso de períodos infecundos pode ser sugerido aos esposos para afastá-los do "detestável crime do onanismo", que é o coito interrompido para fins de controle da natalidade (DENZIGER, 2007, n. 3.148). A abstinência sexual nos períodos fecundos torna-se legítima para este controle, mas é imoral realizar o ato sexual impedindo a procriação.

Pio XI ratifica esta posição evocando um comentário de Santo Agostinho ao relato bíblico de Onã, filho do patriarca Judá. O filho mais velho de Judá casou-se com Tamar, e morreu sem deixar descendentes. Tamar então se casou com seu cunhado, Onã, para gerar descendência da família de seu falecido marido, conforme a lei do Levirato. Mas Onã, ao ter relações sexuais com ela, praticou coito interrompido. Desperdiçou o sêmen e não cumpriu a lei. Por isso foi castigado por Deus com a morte (Gn 38,8-10). Agostinho adverte: "mesmo com a mulher legítima, o ato matrimonial é ilícito e desonesto quando se evita a concepção da prole. Assim fazia Onã, filho de Judá, e por isso Deus o matou". O papa, por sua vez, reitera a advertência: "qualquer uso do matrimônio em que, pela malícia humana, o ato for destituído da sua natural força procriadora, infringe a lei de Deus e da natureza, e aqueles que ousarem cometer tais ações tornam-se réus de culpa grave" (Pio XI, 1930, n. 20-21). Seu sucessor, Pio XII, considera esta lei algo perene: "essa prescrição está em pleno vigor hoje como ontem, e ainda o estará amanhã e sempre" (1952, n. 24-25).

Poucos anos após o Concílio, Paulo VI finalmente se pronunciou sobre o controle da natalidade, publicando a Encíclica *Humanae Vitae*. Ele mantém a posição do magistério da Igreja e não ousa se distanciar. Os atos conjugais não deixam de ser legítimos se se prevê que serão infecundos, mas devem permanecer abertos à transmissão da vida, excluindo a esterilização direta e toda a ação que tornar impossível a procriação (1968, n. 11 e 14). Este ensinamento, porém, não é posto em prática pela maioria dos fiéis católicos, além de ser questionado por um número considerável de teólogos. Para os que questionam a Encíclica, com o restabelecimento da finalidade relacional do matrimônio e do intercurso sexual pelo Concílio, o juízo sobre a moralidade do ato sexual deveria ser elaborado não com base no ato, mas no lugar do ato em seu contexto relacional. Algumas conferências episcopais chegaram a afirmar que, em caso de conflitos conjugais decorrentes da aplicação da Encíclica, os fiéis devem seguir sua própria consciência.

Em um breve balanço sobre a sexo no mundo católico, no nível da doutrina, ele perdeu a sua conotação negativa e teve a sua dimensão relacional valorizada, mas permanece conjugalizado na união exclusiva e indissolúvel entre um homem e uma mulher, dentro do modelo reprodutivo. Como forma de controle da natalidade, aceita-se apenas a abstinência sexual nos períodos fecundos. Na prática, evidentemente, a realidade é bem diferente.

Caminhos e instrumentos da reflexão teológica

A moral cristã, nascida do impulso da fé, foi-se formando ao longo da história com elementos do mundo judaico, helenista (greco-romano) e ocidental. Nesta longa inculturação, pode-se identificar na moral três grandes paradigmas que lhe servem de base:

• A razão ascética, predominante na época patrística, influenciada pelo estoicismo e pelo platonismo. Tem como resultado um código moral de virtudes (frente aos "vícios" dos pagãos, no qual se configura a castidade), de restrição sexual (mesmo na vida matrimonial) e de procriação (como justificação geral da vida sexual).

• A razão natural, predominante na Idade Média e na época pós-tridentina. Através de Santo Alberto Magno e de Santo Tomás de Aquino, a antropologia aristotélica é assumida e a sexualidade é considerada uma faculdade natural e uma teologia. Os códigos morais de comportamento sexual se organizam em torno de um uso moderado e virtuoso, que respeite a "ordem natural" e teleológica da sexualidade, ou seja, a sua finalidade procriadora. Este paradigma se desenvolveu na época

da moral casuísta e pós-tridentina, com tendência geral para o rigorismo, considerando a transgressão do sexto e do nono mandamentos sempre como matéria grave.
• A razão pessoal, a partir do Concílio Vaticano II. Situa-se a pessoa como referência adequada para a compreensão e a realização da vida sexual. O paradigma personalista, sob influência de Kant e cultura personalista moderna, dá relevância aos valores do "eu", da "relação com o tu" e do "nós". A sexualidade pertence mais ao reino da liberdade que ao reino da natureza; é considerada mais no aspecto positivo que numa compreensão antropológica pessimista ou numa moral ascética e abstencionista (VIDAL, 2008, p. 105-106).

O paradigma personalista no campo da sexualidade foi defendido pelo teólogo Joseph Ratzinger poucos anos depois do Concílio. Para ele, a castidade não é uma virtude fisiológica, mas social. Trata-se de humanizar a sexualidade, não de "naturalizá-la". A sua humanização consiste em considerá-la não como um meio de satisfação privada, uma espécie de entorpecente ao alcance de todos, mas como um convite ao homem para que saia de si mesmo. A realização da sexualidade não adquire um valor ético quando se faz "conforme a natureza", mas quando ocorre de acordo com a responsabilidade que tem o ser humano diante do outro, diante da comunidade humana e diante do futuro humano. Para avaliar a sexualidade, pode-se dizer que ela reflete e concretiza o dilema fundamental do homem. Ela pode representar a total libertação do eu no tu, ou também a total alienação e fechamento no eu.

Para esclarecer sua proposição, Ratzinger recorre ao Antigo Testamento, onde há dois grupos de normas relacionadas à sexualidade: morais e cúlticas. Para o primeiro grupo, apenas o aspecto social era decisivo e o fisiológico não foi levado em consideração. Para o segundo, apenas o aspecto fisiológico importava, mas sem nenhuma valência moral. "A desgraça da teologia moral eclesiástica", assevera ele, consistiu em não poucas vezes ter convertido os preceitos cúlticos do Antigo Testamento em obrigações morais. Assim a passagem da antiga à nova lei não foi mais que um mal-entendido (RATZINGER, 1970, p. 243).

Bem, nem tudo o que ele ensinou depois como cardeal e como papa vai nesta linha. Mas com base nestas reflexões e em alguns ensinamentos do pontificado de Ratzinger, pode-se ir além e se perguntar: há pontos da moral que revelam carência de um diálogo fecundo entre crentes e não crente, entre filósofos, juristas e homens de ciência? Há ainda submissão passiva às leis físicas da natureza, imposição à consciência de uma lei vinda de fora, ou naturalização indevida de posições antropológicas? Há condutas responsáveis no campo da sexualidade que não são devidamente reconhecidas e valorizadas? Onde estão as desgraças da moral eclesiástica, em que não se passou da antiga à nova lei? Nos capítulos deste livro, aparecem muitas posições e doutrinas sobre as quais se pode refletir à luz destas perguntas.

Há uma visão de mundo classicista a respeito da lei natural, na qual um ato sexual possui um significado intrínseco independente do significado relacional desse ato para os seres humanos. Nesta visão, há bens básicos desejados que dão razão às escolhas humanas. Estes parecem mais bens genéricos ou ideias platônicas, desvinculados da realidade concreta, das pessoas e dos relacionamentos interpessoais. É uma moralidade centrada no ato e que tem normas absolutas. Já uma visão personalista da lei natural se interessa pelo significado dos atos sexuais para as relações humanas, antes de fazer perguntas biológicas sobre a genitália ou outras semelhantes. Esta visão enfatiza a consciência histórica, a particularidade dos bens básicos e da pessoa, e as normas que refletem essa particularidade, constituindo uma moralidade centrada na relação. Agostinho argumenta que todas as virtudes verdadeiras são instruídas pela caridade; e sem caridade não há uma virtude verdadeira. Aquino argumenta que a justiça não instruída pela caridade carece de perfeição, mas continua sendo virtude. Pode haver tensão entre virtudes. O classicismo limita a dialética entre virtudes, ao passo que a consciência histórica reconhece que as virtudes desafiam e definem umas às outras (SALZAMAN & LAWLER, 2012, p. 101-139).

Pode-se concordar com a maioria dos teólogos morais católicos que existem normas éticas absolutas e que estas normas dissipam confusões. Entretanto, convém acrescentar o que diz o teólogo Dietmar Mieth: a única norma absoluta é que "devemos fazer o bem, não o mal", e qualquer outro juízo ético requer um julgamento concreto e empírico. Josef Fuchs também concorda. Para ele, não há discrepância de teorias e opiniões na teologia moral católica sobre o único absoluto ético, porém a tradução deste absoluto na pluralidade material e concreta da realidade humana é outra questão. O exercício desta tradução, na tradição moral católica, é controlado pela razão que busca ser atenta, inteligente e responsável ao lidar com a realidade sócio-histórica. Não é possível ser diferente diante de pessoas livres, que vivem num mundo simultaneamente físico, humano e sujeito à historicidade (SALZAMAN & LAWLER, 2012, p. 89).

A historicidade está de certa maneira contemplada no ensinamento do *Catecismo* a respeito da criação. Esta "tem sua bondade e perfeição próprias, mas não saiu totalmente acabada das mãos do Criador. Foi criada 'em estado de caminhada' para uma perfeição última a ser ainda atingida, para a qual Deus a destinou" (CIC, 1997, n. 302). A natureza, em uma visão classicista, evoca uma realidade homogênea e harmônica a partir da ideia de *cosmos*. Ela é símbolo de imutabilidade. Mas uma criação não acabada torna a natureza um símbolo de incertezas. Não se deve deixá-la agir às cegas. É preciso conduzi-la, agindo com responsabilidade. Isto pode dar a sensação de se encontrar diante de um espelho quebrado, que não mais reflete a imagem que se tinha de si, das criaturas e do próprio Criador. Mas é a chance de se encontrar outras referências ou visões de mundo em que forças contrastantes interajam, e harmonia e complexidade se conjuguem (MOSER, 2016, p. 60-61).

Há novos caminhos a percorrer. Convém observar a notável diferença entre o ensinamento da Igreja Católica no campo social e o ensinamento no campo sexual e familiar. No primeiro, há clareza de princípios e uma ampla margem reservada aos fiéis nas mediações concretas e nas opções. No segundo, há clareza de princípios junto com uma forte vinculação às mediações concretas e às opções exigidas dos fiéis (CALVEZ, 1993, p. 641-650).

Na mensagem de Cristo, encontra-se o mandamento supremo do amor: "Dou-vos um novo mandamento: Amai-vos uns aos outros. Como eu vos tenho amado, assim também vós deveis amar-vos uns aos outros. Nisto todos conhecerão que sois meus discípulos, se vos amardes uns aos outros" (Jo 13,34-35). O ensinamento social da Igreja nasceu do encontro da mensagem evangélica e suas exigências, resumidas neste mandamento, com os problemas que emanam da vida em sociedade. Este ensinamento usa os recursos da sabedoria e das ciências humanas, diz respeito ao aspecto ético da vida social e leva em consideração os aspectos técnicos dos problemas. Voltado para a ação, tal ensinamento se desenvolve em circunstâncias mutáveis da história. Ele possui princípios sempre válidos, mas comporta juízos contingentes. Longe de constituir um sistema fechado, ele permanece constantemente aberto às questões novas que sempre se apresentam, e requer a contribuição de todos os carismas, experiências e competências. Em sua doutrina social, a Igreja quer oferecer princípios de reflexão, critérios de julgamento e diretrizes de ação, para que sejam realizadas as mudanças profundas que as situações de miséria e de injustiça exigem, servindo ao bem dos seres humanos (CDF, 1986a, n. 72).

Também no campo da sexualidade, o que muitos desejam hoje é

um sistema aberto às questões novas, capaz de receber a contribuição de todos os carismas, experiências e competências, em vista do cumprimento do mandamento supremo do amor.

Diante da doutrina da Igreja sobre a sexualidade, identificam-se as seguintes posturas dos teólogos:

- Existem os que, situando-se no interior das normas concretas da moral oficial, procuram oferecer um discurso justificativo das mesmas.

- Em um polo oposto, situam-se os que buscam soluções coerentes com a fé cristã e em diálogo com a cultura atual, ainda que tais soluções se afastem da norma concreta oficial.

- A maior parte dos teólogos morais católicos situa-se em uma opção intermediária, que procura articular um projeto de ética sexual sem extrapolar os limites marcados pela doutrina oficial da Igreja, mas busca dialogar com as ciências humanas e com a cultura personalista de hoje. É uma opção de equilíbrio às vezes difícil de ser compreendida (VIDAL, 2008, p. 88-89).

A tradição é um valor precioso para a Igreja, pois ela vive do legado espiritual e institucional deixado por Cristo e pelos apóstolos. Este legado é cultivado, aprofundado e desenvolvido com o auxílio do Espírito Santo. No amplo mosaico de elementos religiosos e culturais judaico-cristãos, manifesto na história, se insere a Tradição apostólica da Igreja. Esta Tradição (com maiúscula), como bem ensinou o Papa Bento XVI, consiste na transmissão dos bens da salvação, que faz da comunidade cristã a atualização permanente da sua comunhão originária. Graças ao Espírito, a experiência da presença de Cristo ressuscitado, feita pela comunidade apostólica nas origens da Igreja, poderá ser sempre vivida pelas gerações sucessivas, porque é transmitida e atualizada na fé, no culto e na comunhão do Povo de Deus, peregrino no tempo. A atualização permanente da presença ativa de Cristo no seu povo, realizada pelo Espírito, é o que caracteriza a Tradição. Por meio da Tradição, a água da vida que saiu do lado de Cristo e o seu sangue salutar alcançam as mulheres e os homens de todos os tempos. Não se trata da transmissão de uma coleção de palavras ou coisas mortas. A Tradição é o rio vivo que nos liga às origens, o rio vivo no qual as origens estão sempre presentes (BENTO XVI, 2006a).

A este ensinamento do Papa Ratzinger, cabe acrescentar o alerta feito por ele mesmo muitos anos antes:

> Nem tudo o que existe na Igreja deve, por esta razão, ser também uma tradição legítima; em outras palavras, nem toda tradição que surge na Igreja é uma celebração verdadeira e mantém presente o mistério de Cristo. Existe uma tradição distorcida, assim como uma legítima, [...] [e] [...] consequentemente, a tradição não deve ser considerada apenas de modo confirmativo, mas também de modo crítico (RATZINGER, 1969, p. 185).

A presença ativa de Cristo na vida de seu povo passa pela humanização da sexualidade, como convite ao ser humano para que saia de si mesmo. O exercício da sexualidade não adquire valor ético quando se faz conforme uma suposta natureza homogênea, harmônica e imutável; mas quando ocorre de acordo com a responsabilidade que tem o ser humano diante do outro, da comunidade e do futuro da humanidade. Que a teologia seja devidamente crítica e construtiva em relação à tradição.

2
A emergência das questões de gênero e orientação sexual

Uma das características mais notáveis do mundo atual é a visibilização da população dita LGBT, constituída por *gays*, lésbicas, bissexuais, travestis e transexuais. São identidades relacionadas a gênero e orientação sexual. Tradicionalmente, gênero é definido como o que identifica e diferencia homens e mulheres. É sinônimo de sexo, referindo-se ao que é próprio do sexo masculino, assim como do feminino. Porém, a partir do ponto de vista das ciências sociais e da psicologia, gênero é entendido como o que diferencia socialmente as pessoas, considerando padrões histórico-culturais atribuídos a homens e a mulheres. Nas últimas décadas, os estudos de gênero têm se relacionado também com orientação sexual. Não raramente servem de base para um forte ativismo sociopolítico e para a implementação de políticas públicas. São pesquisas e reflexões que evidenciam o papel da cultura e das estruturas sociais na configuração e na relação entre os gêneros, questionam a subalternidade de um gênero a outro e contemplam a realidade da população LGBT.

Para o esclarecimento de alguns termos, travestis são pessoas que vivenciam papéis femininos, mas não se reconhecem como homens e nem como mulheres. O termo deve ser usado sempre no feminino: as travestis. Transexuais, por sua vez, são pessoas que não se identificam com o sexo que lhes é atribuído ao nascerem, e sim com o outro sexo. Pode haver homem transexual, que reivindica o reconhecimento social e legal como homem, e mulher transexual, que reivindica o reconhecimento social e legal como mulher. Tanto travestis como transexuais são transgênero (ou simplesmente trans), isto é, pessoas que não se identificam com o sexo que lhes é atribuído ao nascerem. O contrário de transgênero é cisgênero, que se refere à pessoa identificada com o sexo atribuído ao nascer (JESUS, 2012).

Uma convenção internacional estabeleceu princípios para aplicação da legislação sobre direitos humanos em relação a orientação sexual e identidade de gênero. São os chamados Princípios da Yogyakarta, cujas definições foram amplamente aceitas inclusive na legislação brasileira. Considera-se:

> I – Orientação sexual "como uma referência à capacidade de cada pessoa de ter uma profunda atração emocional, afetiva ou sexual por indivíduos de gênero diferente, do mesmo gênero ou de mais de um gênero, assim como ter relações íntimas e sexuais com essas pessoas", e
> II – Identidade de gênero como
> "a profundamente sentida, experiência interna e individual do gênero de cada pessoa, que pode ou não corresponder ao sexo atribuído no nascimento, incluindo o senso pessoal do corpo (que pode envolver, por livre- -escolha, modificação da aparência ou função corporal por meios médicos, cirúrgicos ou outros) e outras expressões de gênero, inclusive vestimenta, modo de falar e maneirismos" (Resolução, 2014).

Com esta classificação, lésbicas, *gays*, homossexuais, bissexuais ou heterossexuais são conceitos que se referem à orientação sexual. Por sua vez, travestis, transexuais, transgênero e cisgênero se referem à identidade de gênero. O termo diversidade sexual, ainda que tenha certa imprecisão, é utilizado hoje para as questões ligadas à população LGBT. Alguns governos possuem coordenadorias de assuntos de diversidade sexual. Um conjunto de propostas de lei federal elaborado pela Ordem dos Advogados do Brasil chama-se Estatuto da Diversidade Sexual e de Gênero (OAB, 2017).

No passado, para se defender da intolerância e da hostilidade que sofriam, muitos LGBT viviam no anonimato ou à margem da sociedade. Alguns formavam guetos, que eram espaços de convivência bastante reservados onde se sentiam seguros. Vários *gays* e lésbicas se escondiam no casamento tradicional, constituído pela união heterossexual, para não manifestarem sua condição. Hoje, entretanto, todos eles fazem grandes paradas, estão presentes em filmes, telenovelas, olimpíadas, empresas, escolas e outras instituições, buscam reconhecimento, exigem ser respeitados e reivindicam os mesmos direitos e deveres dos demais cidadãos. Esta população está em toda parte. Quem não faz parte dela, tem parentes próximos ou distantes que fazem, velada ou manifestamente, bem como vizinhos ou colegas de trabalho.

As sexualidades e gêneros diversos têm uma história complexa no Ocidente e na interação com a tradição judaico-cristã, e desde o passado recente são beneficiárias do desenvolvimento e da expansão da Modernidade.

Um itinerário histórico

A antiguidade clássica não apresentava uma homossexualidade oposta a uma heterossexualidade, mas uma bissexualidade cujas manifestações pareciam comandadas pelo acaso dos encontros e não por determinismos biológicos. A palavra e o conceito de homossexualidade propriamente não existiam, mas sim o desejo e a prática sexuais entre pessoas do mesmo sexo. O amor e a intimidade entre os homens são exaltados por Platão, mas também pelos autores latinos. Neste ponto não há o que distinguir entre autores gregos e latinos. O chamado amor grego poderia ser chamado amor romano com a mesma legitimidade. Catulo gaba-se de suas proezas. Cícero cantou os beijos que colhia dos lábios de seu escravo e secretário. De acordo com os gostos de cada um, optava-se por mulheres, rapazes ou por ambos. Virgílio gostava exclusivamente de rapazes, e o Imperador Cláudio, de mulheres. Horácio repete que adora ambos os sexos. Os poetas cantavam livremente as belezas do jovem favorito do Imperador Domiciano. Sabe-se que Antínoo, jovem favorito do imperador Adriano, recebeu com frequência um culto oficial depois de sua morte precoce.

As poesias de Catulo estão repletas de injúrias nas quais o poeta ameaça penetrar sexualmente os seus inimigos para caracterizar o triunfo sobre eles. Eram bravatas folclóricas comuns no ambiente mediterrânico: o importante é ser penetrador, pouco importa o sexo da outra pessoa. Ser ativo é ser másculo, seja qual for o sexo do parceiro chamado passivo. A questão fundamental era ter prazer de modo viril ou dar prazer servilmente. Devia-se respeitar as mulheres casadas, as virgens e os adolescentes livres por nascimento. Uma suposta repressão legal da homossexualidade visava na verdade impedir que um cidadão fosse penetrado como um escravo. Recaía um desprezo colossal sobre o homem adulto e livre que permitisse ser passivo, ou como se dizia, *impudicus*. Na Grécia os efebos ou jovens, que ainda não fossem cidadãos, podiam ser passivos sem desonra, bem como os escravos em Roma, ainda que fossem crianças. Naquela sociedade escravagista fez-se da necessidade uma virtude com o provérbio: "não há vergonha em fazer o que o amo ordena".

De modo geral, a sociedade romana não se perguntava se os homens praticavam sexo com outros homens, mas prestava uma enorme atenção a pormenores do traje, da pronúncia, dos gestos e do modo de andar. Os que manifestassem qualquer falta de virilidade eram fortemente menosprezados, independentemente de suas preferências sexuais. O Estado chegou a proibir os espetáculos de ópera por serem enlanguescedores e pouco viris, ao contrário dos espetáculos de gladiadores. Havia uma rejeição ao homoerotismo feminino, sobretudo à amante ativa, pois uma mulher que se toma por homem é o mundo às avessas. Horror igual havia pelas mulheres que "cavalgam" os homens, segundo Sêneca (VEYNE, 1985, p. 39-49).

Fora da tradição ocidental, há na história muitos exemplos do que hoje chamamos diversidade sexual e de gênero, do extremo-oriente ao extremo-ocidente. Na literatura sufi islâmica, o homoerotismo era uma importante expressão metafórica da relação espiritual entre Deus e o homem. Grande parte da poesia e da ficção persas que dão exemplos de amor moral, emprega para isso relações *gays*. Entre os antigos chineses, a expressão literária mais popular para o amor entre homens era "o amor da manga cortada". Era uma alusão à devoção altruísta do último imperador da dinastia Han, Ai-Ti. Ao ser chamado para uma audiência, ele cortou a manga de sua camisa para não acordar seu amante Tung Hsien, que dormia sobre ela (BOSWELL, 1993, p. 50).

Em muitas tribos indígenas norte-americanas e canadenses havia pessoas que desempenhavam muitos papéis de gênero mistos, incluindo vestir roupas e executar trabalhos masculinos e femininos. Isto foi documentado em mais de 130 tribos. No Brasil do século XVI, um colonizador testemunhou a desinibição dos tupinambás na prática do homoerotismo, que ele denomina pecado nefando, isto é, algo tão perverso que nem deveria ser nomeado. Os tupinambás eram "muito afeiçoados ao pecado nefando, entre os quais se não têm por afronta; e o que se serve de macho, se tem por valente, e contam esta bestialidade por proeza; e nas suas aldeias pelo sertão há alguns que têm tenda pública a quantos os querem como mulheres públicas" (SOUZA, 1587, p. 308).

Em religiões brasileiras de matriz africana, como a umbanda e o candomblé, há uma notável aceitação de pessoas homossexuais, já constatada pela antropóloga norte-americana Ruth Landes nos anos de 1940, numa época de visível oposição social à homossexualidade. Na comunidade negra da Bahia, diz ela, circunstâncias incomuns estimulam parte dos homossexuais passivos a forjar um novo e respeitável *status* para si mesmos. Ingressando no candomblé de modo influente, como pais-de-santo, eles passam a ter uma voz em todas as atividades vitais, e são mantidos e altamente estimados por aqueles homens "normais" para os quais eram antes alvo de zombaria e escárnio (LANDES, 1967, p. 283-296).

Na tradição judaico-cristã, desde o seu início, o homoerotismo é condenado. Para se entender esta condenação, é preciso ter presente a historicidade da revelação transmitida na Sagrada Escritura, conforme o ensinamento do Papa Pio XII e do Concílio Vaticano II tratados no capítulo anterior. O leitor atual deve buscar o sentido que os autores sagrados em determinadas circunstâncias, segundo as condições do seu tempo e da sua cultura, pretenderam exprimir servindo-se dos gêneros literários então usados. Este sentido está ligado ao contexto mais amplo dos tempos antigos do Oriente, de modo que o intérprete atual deve se servir da história, da arqueologia, da etnologia e das outras ciências que contribuam para a sua devida compreensão.

Na cosmologia antiga dos judeus, expressa na Bíblia, o universo foi criado em seis dias. A terra surgiu antes do sol e das estrelas e é imóvel. A abóbada celeste, chamada "firmamento", é uma placa sólida em que os astros estão pendurados para não caírem. Não há astros soltos no céu. O firmamento é sustentado por colunas, e divide as águas que estão acima dele das águas que estão abaixo. A chuva não é o resultado da condensação do vapor d'água, mas das comportas do firmamento que se abrem, fazendo despencar as águas superiores represadas. Assim ocorreu o dilúvio universal nos tempos de Noé. Há também uma antropologia em que o homem veio direto do pó da terra, e a mulher veio da costela do homem.

Acreditava-se que o homem e a mulher foram criados um para o outro, para se unirem e procriarem. Supõe-se uma heterossexualidade universal, expressa no imperativo "crescei e multiplicai-vos" (Gn 1,28). Isto foi escrito no tempo do exílio judaico na Babilônia. Para o povo expulso de sua terra e submetido a uma potência estrangeira, crescer era fundamental para a sobrevivência da nação, da cultura e da religião. Não se nega o desígnio divino de que a humanidade se espalhe pela terra, mas a necessidade de sobrevivência do povo judeu naquele tempo era urgente.

O sêmen do homem, como foi visto, supostamente continha o ser humano inteiro, e devia ser colocado no ventre da mulher assim como a semente é depositada na terra. Jamais se deveria desperdiçá-lo, como mostra o relato sobre Onã. Ele se casou com Tamar, viúva de seu irmão Her, que morreu sem ter descendente. Conforme a lei (Dt 25,5-10), Onã deveria suscitar uma posteridade a seu irmão, e o primeiro filho homem deveria ter o nome deste irmão falecido, Her. Mas Onã praticou coito interrompido, ejaculando fora da vagina de sua esposa e impedindo-a de conceber. Por isso ele foi fulminado por Deus, como punição por esta transgressão (Gn 38,1-10).

É neste contexto que a relação sexual entre dois homens era considerada abominação. Israel devia se distinguir das outras nações de várias maneiras, com sua fé, seu culto, sua lei e seus costumes, segundo o código de santidade do Livro do Levítico. Aí se inclui a proibição do homoerotismo, considerado abominação (Lv 18,22). Proíbe-se também, e com rigor: trabalhar no dia de sábado, comer carne de porco ou frutos do mar, aparar o cabelo e a barba, tocar em mulher mestruada durante sete dias, usar roupa tecida com duas espécies de fio, plantar espécies diferentes de semente em um mesmo campo, e acasalar animais de espécies distintas. Quando o cristianismo, nascido em Israel, expandiu-se entre os povos não judeus, a santidade do Levítico não se tornou norma para estes povos, mas a proibição do homoerotismo sim.

A esta proibição se somou a história de Sodoma e Gomorra, cujo pecado clamou aos céus e resultou no castigo divino destruidor (Gn 19). Este pecado foi recusar a hospitalidade aos que visitavam o patriarca Ló, a ponto tentarem violentá-los sexualmente. Com frequência, a violência sexual era uma forma de humilhação imposta por exércitos vencedores aos vencidos. Inicialmente, o delito de Sodoma era visto como "orgulho, alimentação excessiva, tranquilidade ociosa e desamparo do pobre e do indigente". Através do Profeta, o Senhor diz: "Tornaram-se arrogantes e cometeram abominações em minha presença" (Ez 16,49-50). Vários séculos depois, tal pecado foi identificado com o homoerotismo, mas na origem, ele nada tem a ver com o amor entre pessoas do mesmo sexo, ou mesmo com relações sexuais livremente consentidas entre pessoas adultas do mesmo sexo.

Há um relato semelhante ao pecado de Sodoma no livro dos Juízes (Jz 19 e 20). Um levita e sua concubina se hospedaram na cidade de Gabaá, da tribo de Benjamin. Os habitantes da cidade hostilizaram os visitantes, e estupraram a concubina do levita até a morte. O Senhor suscitou os israelitas contra aquela cidade, e ela foi completamente destruída. A partir deste relato não se deve condenar a heterossexualidade. O que se condena, tanto em Sodoma quanto em Gabaá, é a falta de hospitalidade e a hostilidade violenta contra a pessoa que vem de fora.

Nas alusões dos evangelhos feitas a Sodoma e Gomorra (Mt 10,15; 11,23-24; Lc 17,28-29), não há nada sobre a temática homossexual. Mas no Novo Testamento há dois textos que fazem referência a estas cidades com certa conotação homossexual. A Carta de Judas, v. 7 e 8, refere-se à relação carnal entre homens e seres quase divinos: "desenfreada prostituição e vícios contra a natureza". O texto de 2Pd 2,6-10 reprova a "vida dissoluta daquela gente perversa", que levada por suas "paixões impuras, segue as vias da carne". Como então se chegou à interpretação homossexual? Tudo indica foi através dos escritos intertestamentários, como o Testamento de Benjamin 9, e o II Os Segredos de Enoque 10,4 e 34,1-2. A estes apócrifos acrescentam-se os escritos de Fílon de Alexandria e de Flávio Josefo. No contato com o mundo helenista, tais escritos judaicos interpretaram o relato de Sodoma em clara referência ao comportamento homossexual. Os dois textos neotestamentários (Jd 7-8; 2Pd 2,6-8) estão vinculados a esta interpretação (VIDAL, 2008, p. 126-128).

No Novo Testamento, o texto mais importante sobre o homoerotismo está na Carta de São Paulo aos Romanos. O apóstolo afirma que quem ama o próximo cumpriu a lei, pois os mandamentos se resumem em amar ao próximo como a si mesmo (Rm 13,8-10). Este é o espírito dos mandamentos e o critério de sua interpretação. Mas ao refutar o politeísmo, Paulo o associa ao homoerotismo (Rm 1,18-32). Os pagãos não adoravam o Deus único, mas as criaturas. E ainda permitiam esta prática sexual vista como abominação pelos judeus. Este comportamento é considerado castigo divino por causa de uma prática religiosa errada: "Por tudo isso, Deus os entregou a paixões vergonhosas". Outros escritos paulinos têm a mesma posição, em que prováveis referências ao homoerotismo estão ligadas à idolatria e à irreligião (1Cor 6,9-11; 1Tim 1,8-11).

No contexto judaico-cristão da Antiguidade, este argumento era compreensível. Não havia o conceito de orientação sexual, uma inclinação profundamente enraizada na pessoa, com relativa estabilidade, atraindo-a ao sexo oposto ou ao mesmo sexo. Esta orientação nada tem nada a ver com a crença em um ou em vários deuses, ou com qualquer prática religiosa. Mas na Antiguidade a Igreja herdou a visão antropológica judaica da heterossexualidade universal com suas interdições, e carregou-a por séculos. Hoje, porém, não se pode usar o argumento de Paulo, pois seria como dizer a uma pessoa heterossexual que, se ela aderir a uma religião pagã, vai se tornar homossexual. Isto não tem fundamento. É uma superstição.

A religião cristã se expandiu no Império Romano e se tornou hegemônica, constituindo-se como religião do Estado no fim da Antiguidade. Assim se formou a cristandade, uma fusão político-religiosa de base cristã, que foi adotada por reinos e impérios, medievais e modernos, em grande parte do Ocidente e em uma parte do Oriente. Na cristandade, o homoerotismo foi classificado como sodomia e em vários lugares foi criminalizado por muitos séculos. Há exemplos de forte execração, como nas Constituições Primeiras do Arcebispado da Bahia, de 1707. Este documento jurídico-pastoral do Brasil colonial afirma que a sodomia é um crime horrendo: provoca tanto a ira de Deus a ponto de causar tempestades, terremotos, pestes e fomes que destruíram cidades inteiras. É algo indigno de ser nomeado, um "pecado nefando" do qual não se deve falar, e muito menos se cometer (VIDE, 2007, p. 331-332). Tribunais civis e eclesiásticos, como a Inquisição, julgavam os acusados deste delito. Os culpados eram entregues ao poder civil para serem punidos, até mesmo com a morte.

Tal execração à sodomia também se encontra nas leis civis, como as *Ordenações filipinas*, um código de 1603 vigente em toda a Península Ibérica e nas colônias portuguesas e espanholas:

> Toda a pessoa, de qualquer qualidade que seja, que pecado de sodomia, per qualquer maneira, cometer, seja queimado e feito pelo fogo em pó; para que nunca do seu corpo e sepultura possa haver memória; e todos os seus bens sejam confiscados, para a Coroa de nosso Reino, posto que tenha descendentes; pelo mesmo caso seus filhos e netos ficarão inhabiles e infames, assim como os daqueles que cometem crime de Lesa

Magestade. 1) E esta Lei queremos, que também se entenda, e haja lugar nas mulheres, que humas com outras, commettem pecado contra a natura e da maneira que temos dito nos homens (Livro V, Título XIII).

Todo este horror tem uma explicação. Havia no passado, desde a Antiguidade até o século XVIII, uma ampla envolvência do sobrenatural. Acreditava-se que tempestades, terremotos, pestes e pragas agrícolas, condenando populações inteiras à fome, eram intervenções diretas de Deus no mundo como punição pelos pecados dos homens. Muitos relatos bíblicos corroboram esta envolvência: o dilúvio nos tempos de Noé, as pragas no Egito contra o faraó, a tempestade no mar no episódio em que o profeta Jonas foi engolido por um peixe, a punição escolhida pelo o rei Davi entre as opções oferecidas por Deus através do profeta [fome, peste e derrota pelos inimigos (2Sm 24,1-24)]; além, é claro, da destruição de Sodoma e Gomorra.

A prática do homoerotismo, por mais discreta que fosse, não era apenas um assunto da vida privada das pessoas diretamente envolvidas. No final do século XV, o Reino de Veneza sofreu uma derrota militar contra os turcos, que tomaram a fortaleza de Modon, na Grécia. Como consequência, as leis venezianas contra a blasfêmia e a sodomia endureceram para combater as supostas causas da derrota. A sodomia era algo que ameaçava a sociedade inteira, como o crime de lesa-majestade, cometido contra o rei, contra algum membro da família real ou contra o poder soberano de um Estado. Por isso, a punição de ambos os crimes era igualmente severa.

Apesar da condenação generalizada do homoerotismo por parte da cristandade, convém assinalar sinais de possível tolerância. John Boswell analisou minuciosamente na Antiguidade e no início da Idade Média sinais de afeto entre pessoas santas do mesmo sexo, bem como na vida monástica. Ele dá importância às duplas de santos ou de santas, como Perpétua e Felicidade, Polieuco e Nearco, Sérgio e Baco; e ao intercâmbio de poesias de amor, como entre Ausônio e São Paulino de Nola. A perspectiva hermenêutica de Boswell aponta para uma compreensão ou, pelo menos, para uma condenação não excessiva da homossexualidade (1993). Mas faltam estudos para discernir com suficiente objetividade esses sinais de afeto.

No período medieval, Boswell supõe ter descoberto sinais de tolerância em uma detalhada análise de práticas de amor entre iguais, feitas por clérigos e monges, e toleradas pela Igreja. Entre estas práticas se destacam as "bodas de semelhança", que eram uma espécie de união, do tipo irmandade ou fraternidade, celebrada em uma cerimônia com compromissos semelhante ao matrimônio entre um homem e uma mulher. Para o autor, a comunidade homossexual contemporânea deveria buscar referências passadas não tanto na Grécia de Sócrates, mas no século XII medieval, quando clérigos escreviam poemas de amor a seus amigos, e eram toleradas bodas entre iguais. Esta situação teria mudado radicalmente a partir do século XIV, quando a Europa ocidental adquiriu uma obsessão furiosa contra a homossexualidade, considerada o mais horrível dos pecados (BOSWELL, 1994).

A questão histórica não está só no fato de relações entre pessoas do mesmo sexo terem sido toleradas, o que parece evidente, mas se foram ou não reconhecidas na sociedade com um estatuto similar ao matrimônio. O autor aposta que sim, ao menos em algumas regiões europeias de influência grega. As fontes utilizadas por Boswell em favor de sua tese incluem interessantes textos litúrgicos e documentos de fraternidade. Mas são textos muito heterogêneos e de diferente valor comprovatório. Como ele mesmo reconhece, há sérios problemas filológicos e de interpretação, além de se limitarem a determinadas regiões. Isto faz com que as conclusões a que ele chega devam ser avaliadas com muita cautela. Alguns pesquisadores afirmam que não há base para se considerar as bodas de semelhança como uniões entre pessoas do mesmo sexo na Europa pré-moderna (AZNAR, 1996, p. 819-822).

A Modernidade e o desencadeamento de transformações

Na Idade Média urbana tem início um processo histórico de longa duração que desencadeou uma série de mudanças sociopolíticas, econômicas e culturais que geraram o mundo contemporâneo. Este processo vem até os dias de hoje e é conhecido como Modernidade. A sua formação se acelerou nos séculos XVI e XVII e se consolidou especificamente nos séculos XVIII e XIX. Esta caminhada histórica e cultural envolve múltiplos atores e fatores de natureza diversa. A Modernidade foi impulsionada e aos poucos se definiu nas Revoluções Científica e Industrial; através do renascimento, da Reforma Protestante, do Iluminismo e das contrastantes tendências e movimentos liberais e revolucionários. A Modernidade se afirmou nas revoluções Americana, Francesa e Soviética, e também no divisor de águas que se estabeleceu com a filosofia de Descartes em relação à escolástica, e se desdobrou sob o nome de filosofia moderna, que engloba tendências de pensamento amplamente diversificadas e mesmo contraditórias entre si.

A Modernidade se configurou nas ciências naturais e sociais, bem como nas ideologias e nos processos econômicos que se iniciaram com as revoluções monetária e comercial do fim da Idade Média. A Modernidade é o processo que gerou a autonomia do Estado secular, a burocratização, a separação entre público e privado, a criação dos estados-nação e, posteriormente, os sistemas socioeconômicos e políticos capitalistas ou socialistas, em diversas versões e matizes, nas várias concretizações históricas dos Séculos XIX e XX. A Modernidade se afirmou e se difundiu na expansão colonial europeia e na pressão neocolonial de cunho econômico e político. Este processo complexo envolveu as artes, a literatura, o sistema de educação, de pesquisa e o universo religioso. A Modernidade é o resultado de um movimento lento e de longa duração que transformou profundamente a vida cotidiana dos povos.

Ela é simultaneamente geradora e receptora de processos de mudança sociocultural, provocando intercâmbios sutis ou até mesmo choques violentos de sentidos, valores, técnicas, novos modos de atuar, de comunicar-se e de proceder. Convém distinguir sem separar uma modernidade econômica, uma modernidade política e uma modernidade cultural, chamando atenção para aspectos diferentes desta macroestrutura (AZEVEDO, 1991, p. 101-103).

Pode-se indicar alguns elementos ou pressupostos fundamentais da estrutura interna da Modernidade:

- A centralidade do indivíduo, sujeito de direitos, decisões e ações. O indivíduo tem a sua legitimidade sem referência necessária ao grupo ou dependência dele. Há uma ênfase na formação da consciência individual e na responsabilidade pessoal.
- A secularização, que é a afirmação da realidade intramundana ou secular, e sua autonomia. A cultura moderna inaugura uma nova forma de pensar e de se situar diante do mundo, que aos poucos se separa da religião, afirmando a autonomia das realidades humanas e terrenas frente a qualquer revelação. Há uma emancipação das diversas esferas do conhecimento e da ação humanas em relação à religião, bem como em relação à mentalidade e às estruturas por ela fomentadas. A secularização incidiu na política, com a separação entre Igreja e Estado que pôs fim à cristandade, bem como na filosofia, no direito, na ciência, na economia, na sociedade e na cultura.
- A pluralidade de saberes autônomos, resultante da fragmentação de uma visão de mundo abrangente que unificava e hierarquizava os saberes. Cada saber passa a se desenvolver

com sua própria epistemologia e metodologia, produzindo um discurso relativamente autônomo que não se articula necessariamente com os demais, como se todos fossem constelações de um céu estrelado. O resultado disto é o pluralismo. Na Modernidade, ele não é primordialmente uma manifestação de tolerância, e sim uma consequência estrutural desta autonomia de diversos saberes em processo de interação.

• A realimentação mútua entre ciência e tecnologia, que contribui para as transformações constantes que caracterizam a Modernidade. As tecnologias contemporâneas formam sistemas que afetam a consciência individual e coletiva, com grande impacto sobre a vida cotidiana e influência sensível sobre o conjunto da cultura e da sociedade.

• Uma concepção de história aberta e dinâmica, com o protagonismo da razão e da vontade humanas, em contraste com a visão cíclica ou estática da história, que marca muitas culturas não modernas. Nestas, o ser humano é submisso à história e, de certo modo, a sofre indefeso e incapaz de transformá-la ou de dar-lhe uma nova direção. A história aberta e dinâmica vem da tradição judaico-cristã, que vê o mundo como criação, o ser humano dotado de autonomia e livre-arbítrio como continuador da obra do Criador, e o tempo histórico como intervalo entre a criação e a plenitude escatológica, isto é, última e definitiva. A visão moderna entra em choque com a visão cristã quando o tempo histórico é entendido de maneira puramente intramundana e imanente.

O advento do Iluminismo e da razão autônoma trouxeram consigo a convicção de que a prática sexual, exercida sem violência ou indecência pública, não devia cair sob o domínio da lei. Com o Código Napoleônico na França, em 1804, teve início a descriminalização da sodomia no Ocidente. Isto só foi possível graças a uma visão de mundo em que as catástrofes naturais, bem como outros males que afligem a sociedade, passam a ter uma explicação imanente que não a punição divina por determinada conduta humana. Porém, a sodomia ainda era criminalizada em outros países ocidentais. Na Inglaterra, este delito levou à prisão o escritor Oscar Wilde, em 1895. O pioneiro da ciência da computação, Alan Turing, sofreu processo criminal em 1952. Para não ser preso, ele teve que se submeter a tratamento hormonal e a castração química. Na Alemanha, a sodomia só começou a ser descriminalizada nos anos 1970. O ápice do terror contra os sodomitas foi a época do nazismo, em que milhares deles foram presos em campos de concentração, onde recebiam um uniforme com um triângulo rosa. Nestes campos, a maioria morreu.

Convém observar que o termo homossexualidade, referindo-se à atração entre pessoas do mesmo sexo, surge na segunda metade do século XIX. Este termo aparece publicamente em dois panfletos anônimos publicados em Leipzig, em 1869, atribuídos ao escritor austro-húngaro Karl-Maria Benkert, que depois adotou o nome Kertbeny. Nos panfletos, acusa-se a lei prussiana sobre a sodomia de violar os direitos do homem, proclamados na Revolução Francesa, pois na tradição libertária os atos sexuais da vida privada mutuamente consentidos não deviam cair na alçada da lei criminal. A lei prussiana também é acusada de favorecer a chantagem e extorsão de dinheiro feita a homossexuais, que frequentemente os levava ao suicídio. Foi o que aconteceu com um amigo de juventude de Benkert.

Este autor defende que a homossexualidade é inata e imutável, o que contrariava a opinião dominante de que os homens praticavam sodomia apenas por terem mau carácter. Estes homens não eram efeminados por natureza, conforme o exemplo de muitos heróis da história. O termo homossexual é parte do seu sistema classificatório de tipos sexuais para substituir o pejorativo "pederasta" (etimologicamente: homem que tem relacionamento erótico com um menino), então em voga na Alemanha e na França. Benkert designou ainda os homens que se sentem atraídos sexualmente por mulheres como heterossexuais. Ele foi o primeiro escritor a ter a coragem de publicar estes argumentos, hoje tão familiares sobre este tema (FÉRAY, 1981; WIKIPEDIA, "Kertbeny").

Aos poucos, porém, dentro do processo global da secularização nos círculos intelectuais, o vínculo da sodomia ao crime e ao pecado foi trocado pelo vínculo de homossexualidade à doença e à patologia, que não merece castigo e penitência, mas tratamento psiquiátrico ou cura médica. O termo acabou prisioneiro da esfera interpretativa da perversão, da tara ou da neurose sexual, constituindo-se um capítulo à parte nos manuais de psicopatologia, ao lado de outras doenças mentais.

A estigmatização como patologia teve repercussões negativas entre o público e confirmou o tabu social. O isolamento dos atos sexuais foi quebrado, pois passaram a ser vistos no quadro global da pessoa homossexual e suas inclinações básicas. Em volta da novidade terminológica, surgem na psiquiatria e na psicanálise várias definições e teorias explicativas que mantem o homossexual no âmbito da anormalidade, em uma mistura fina de minoria, anomalia e condenação. Ao que parece, nem Freud escapou disso. Ele escreveu a uma mãe norte-americana que a homossexualidade não é vício, nem degeneração, nem doença, como pensava a opinião pública, mas uma variável da função sexual. Esta variável é uma consequência da estagnação prematura na evolução da libido, que precisa de tratamento. Para tirar a homossexualidade desta sombra e libertá-la do acento na atividade sexual, outros termos foram lançados, como homofilia, homoerotismo e homotropia, mas tiveram pouca infiltração na linguagem comum (LEERS & TRASFERETTI, 2002, p. 89-90).

Atualmente se utiliza amplamente o termo *gay*, que vem do inglês e significa primeiramente alegre e jovial, tendo assim uma conotação positiva. Este termo provavelmente se origina do provençal "gai", usado no final da Idade Média para se referir ao amor cortês e à sua literatura. Tal palavra permanece em catalão, língua que tem parentesco com o provençal, para designar a arte da poesia, um amante e uma pessoa abertamente homossexual. No início do século XX, *gay* era comum na subcultura homossexual inglesa como uma forma de código. Décadas depois, popularizou-se nos Estados Unidos através do cinema (BOSWELL, 1993, p. 453), vindo a se tornar um programa de vida e uma bandeira de luta emancipatória dos homossexuais.

Na segunda metade do século XIX e ao longo do século XX, pode-se dizer que a medicina tentou ou propôs de tudo para a cura dos homossexuais. Confinamento, choques elétricos, medicação pesada, tratamento psicológico ou psiquiátrico, psicanálise individual, de grupo e familiar, camisa-de-força, transplante de testículos, foram técnicas de intervenção no corpo e na mente dos homens que prefeririam se relacionar afetiva e sexualmente com outros homens.

Em 1972, por exemplo, houve em Belo Horizonte um simpósio de debates sobre "homossexualismo". O principal expositor do evento foi um psiquiatra e professor da UFMG. Ele aconselhou o tratamento analítico e o eletrochoque. Mas reconheceu que o tratamento psicanalítico, mesmo prolongado, está quase sempre fadado ao fracasso. Este psiquiatra preferia o tratamento que denominava "aversivo": projetava numa tela a foto de uma mulher, e fazia com que o paciente recebesse prazerosas ondas elétricas no encéfalo; se a foto fosse de um homem, recebia um choque elétrico (GREEN & POLITO, 2004, p. 104-112).

A luta pelos direitos dos LGBT vai se vincular aos direitos humanos, que são a face da Modernidade ligada à centralidade do indivíduo. O panfleto de Benkert na Alemanha, fazendo referência aos direitos do homem proclamados na Revolução Francesa, é um exemplo desta vinculação. As primeiras declarações de direitos humanos tratam de liberdade e igualdade, mas não se tinha em mente a diversidade sexual. Tal aproximação se dá por causa de mudanças sociais e mentais, que trazem novas perspectivas e possibilidades.

Na Independência norte-americana, afirmou-se que todos os homens nascem igualmente livres e independentes, têm direitos certos, essenciais e naturais dos quais não podem, por nenhum contrato, privar nem despojar sua posteridade. Tais seriam o direito de gozar a vida e a liberdade, com os meios de adquirir e possuir propriedades, e o direito de procurar obter a felicidade e a segurança (*Declaração*, 1776). Nos anos da Revolução Francesa, proclamou-se que o fim da sociedade é a felicidade comum, e que o governo é instituído para garantir ao homem o gozo de direitos naturais e imprescritíveis, que são a igualdade, a liberdade, a segurança e a propriedade (*Declaração*, 1793). Estes direitos têm uma crescente adesão nas leis de diversas nações. Após a Segunda Guerra Mundial, a recém-constituída Organização das Nações Unidas (ONU) proclamou a *Declaração universal dos direitos humanos*, assinada por mais de uma centena de países, mostrando um amplo consenso internacional sobre valores e ideais a serem atingidos. Toda ela se fundamenta no reconhecimento da dignidade inerente a todos os membros da família humana, e no reconhecimento de seus direitos iguais e inalienáveis. Estes direitos são considerados o fundamento da liberdade, da justiça e da paz no mundo (*Declaração*, 1948).

Segundo Norberto Bobbio, os direitos humanos são históricos e não imutáveis e universais. Eles nascem no início da era moderna, juntamente com a concepção de sociedade baseada na centralidade do indivíduo. Passou-se da prioridade dos deveres dos súditos à prioridade dos direitos do cidadão, emergindo um modo diferente de se enxergar a relação política onde não predomina mais o ângulo do soberano, e sim o do cidadão. A visão organicista de sociedade dá lugar à emergência do indivíduo. Os direitos humanos nascem em meio às lutas em defesa de novas liberdades contra velhos poderes. Nascem de modo gradual, não todos de uma vez e nem de uma vez por todas. A liberdade religiosa é um efeito das guerras de religião; as liberdades civis, da luta dos parlamentos contra os soberanos absolutos; a liberdade política e as leis sociais, do surgimento de movimentos de trabalhadores assalariados e camponeses.

As mudanças na sociedade criam novas carências e novas exigências. Estas surgem em função de mudança das condições sociais, e quando o desenvolvimento técnico permite satisfazê-las. Os direitos humanos nascem quando podem ou devem nascer, e acabam por se tornar um dos principais indicadores do progresso histórico. A *Declaração universal dos direitos humanos* representa a consciência histórica que a humanidade tem dos seus próprios valores fundamentais na metade do século XX (BOBBIO, 1992, p. 1-10 e 34).

O panorama recente: dados, conquistas e problemas

No passado recente surgiram outras demandas que constituem novos desdobramentos dos direitos humanos: a igualdade entre homem e mulher, a igualdade racial e o fim da segregação, o direito socioambiental, o repúdio à discriminação feita aos LGBT e o reconhecimento de suas uniões. Teve início a despatologização da homossexualidade. A Associação Psiquiátrica Americana retirou a homossexualidade da sua lista de doenças em 1973. O Conselho Federal de Medicina no Brasil também o fez em 1985. A Organização Mundial de Saúde tomou esta mesma decisão em assembleia realizada no dia 17 de maio de 1990. A decisão entrou em vigor poucos anos depois, e 17 de maio se tornou para os movimentos sociais o Dia Mundial de Combate à Homofobia.

Desde 1991, a Anistia Internacional considera a discriminação ou qualquer ato de violência contra homossexuais como violação dos direitos humanos. Em 1999, o Conselho Federal de Psicologia no Brasil declarou que a homossexualidade não é doença, nem distúrbio, nem perversão; e proibiu os psicólogos de colaborarem em serviços que propõem o seu tratamento e cura. Em 2018, o mesmo Conselho despatologizou as identidades travesti e transexual.

A homossexualidade e a transgeneridade não são opção, mas condição. Trata-se de orientação sexual, no caso de pessoa homossexual ou heterossexual; e de identidade de gênero, no caso de pessoa cisgênero ou transgênero, isto é, que respectivamente se identifica ou não com o sexo que lhe é atribuído ao nascer. Não é algo voluntariamente reversível. As estatísticas sobre a população homossexual variam. De acordo com a Organização Mundial de Saúde, dez por cento do total da população mundial são homo ou bissexual. Outros afirmam que seguramente quatro por cento são homossexuais.

Esta classificação precisa ser matizada com outros dados. Em extenso relatório publicado na década de 1940, o biólogo Alfred Kinsey afirmou que a população não se divide em dois grupos distintos, homo e heterossexual. O mundo real é um *continuum*, onde se constata uma sequência gradativa. Tanto ele quanto Freud acreditavam que os seres humanos nascem com uma capacidade de resposta erótica a ambos os sexos, e que os fatores sociais inclinavam a maioria a preferir um ou outro. Em uma escala de 1 a 5, os homens seriam sucessivamente: 1) predominantemente heterossexuais e só incidentalmente homossexuais; 2) predominantemente heterossexuais e mais que incidentalmente homossexuais; 3) equivalentemente homo e heterossexuais; os itens 4) e 5) são o inverso de 1 e 2. Se este enfoque estiver correto, os *gays* estão suficientemente na ponta homossexual da escala de Kinsey para se considerarem predominantemente homossexuais (BOSWELL, 1993, p. 452 e 454).

Há também um importante componente biopsíquico na homossexualidade e na transgeneridade. Segundo alguns neurocientistas, é o cérebro e não a genitália ou os hormônios sexuais que define a atração sexual e a identidade de gênero. Na atração sexual, há odores ligados à masculinidade e à feminilidade, os feromônios, que quando inalados são identificados pelo cérebro e influem na percepção e no comportamento. No mundo animal, esses odores são fundamentais na aproximação entre os sexos e no acasalamento. Tomografias especializadas revelam que o cérebro de mulheres homossexuais responde aos feromônios de forma diferente do cérebro de mulheres heterossexuais, e de forma similar ao de homens heterossexuais. Ou seja, tanto as mulheres homossexuais quanto os homens heterossexuais se sentem atraídos por outras mulheres. Experimentos semelhantes com homens homossexuais chegaram a resultados opostos e simétricos. O cérebro destes homens responde aos feromônios de forma diferente do cérebro de homens heterossexuais, e de forma similar ao de mulheres heterossexuais. Ou seja, homens homossexuais e mulheres heterossexuais se sentem atraídos por outros homens (HERCULANO-HUZEL, 2006, p. 46-51). No caso de pessoas transgêneros, o cérebro e a percepção de si não correspondem à genitália e ao restante do corpo. A pessoa se sente homem em um corpo de mulher; ou se sente mulher ou travesti em um corpo de homem.

Este componente biopsíquico também se manifesta no mundo animal. O biólogo canadense Bruce Bagemihl, autor do livro *Biological exuberance: animal homosexuality and natural diversity* (2000), catalogou mais de 300 espécies de vertebrados nas quais ocorre regularmente o contato genital entre indivíduos do mesmo sexo. Em algumas dessas espécies, entre 1 e 10 por cento dos pares são do mesmo sexo. Em outros casos, como nos macacos bonobos, o acasalamento homossexual ocorre com a mesma frequência que o heterossexual. Em algumas espécies, isto só ocorre com os machos; em outras, só com as fêmeas; e, em outras ainda, com indivíduos dos dois sexos. Em relação à duração do vínculo, não há regra. Há casos de pares homossexuais nos quais os laços duram anos. Há espécies em que estas uniões tem pouca duração. A ampla ocorrência de relações entre vertebrados do mesmo sexo levanta a possibilidade de que, mesmo havendo uma base genética para este comportamento, esta base tem um abrangente significado adaptativo. Não será uma condição aberrante à qual apenas algumas espécies estejam casualmente presas (ROUGHGARDEN, 2008, p. 54-55).

Além das pesquisas, no campo social o movimento *gay* adquiriu notável visibilidade a partir de 1969, quando ocorreu em Nova York, em frente ao Bar Stonewall Inn, uma sequência de protestos contra as batidas policiais e as humilhações impostas a *gays* e transgêneros. Estes protestos massivos e públicos contra a opressão que sofriam tiveram grande repercussão na mídia. Um ano depois, em memória destes acontecimentos, criou-se a parada *gay* que aos poucos se espalhou pelo mundo. O movimento *gay* surge no Brasil ainda na ditadura militar. Seu principal ícone é o jornal mensal alternativo Lampião da Esquina, que começou a circular em 1978 aproveitando o abrandamento da censura. Poucos anos depois surgiu o Grupo Gay da Bahia, que por décadas faz um trabalho notável de documentação dos crimes homofóbicos e transfóbicos cometidos no Brasil. A homossexualidade ainda é criminalizada em mais de setenta países, muitos dos quais com população predominantemente muçulmana. Em alguns destes países há pena de morte e execuções públicas.

A nomenclatura do movimento *gay* variou nas últimas décadas. No Brasil, já houve a sigla MHB (Movimento Homossexual Brasileiro). O Ministério da Saúde emprega a sigla HSH (Homens que fazem Sexo com Homens), para políticas públicas de prevenção de doenças sexualmente transmissíveis. No âmbito do mercado se pode encontrar a sigla GLS (*Gays*, Lésbicas e Simpatizantes). Esta última palavra é tradução do inglês *gay friendly*. O termo LGBT teve amplo reconhecimento em 2008, com uma conferência nacional destinada a esta população promovida pelo governo federal.

A visibilização da diversidade sexual e de gênero também manifesta os problemas que afligem a população LGBT. Em muitos países, há uma forte aversão a homossexuais, a homofobia; e a travestis e transexuais, a transfobia. Esta aversão produz diversas formas de violência física, verbal e simbólica contra estas pessoas. Há pais de família que dizem: "prefiro um filho morto a um filho *gay*"; e mães que dizem: "prefiro uma filha prostituta a uma filha sapatão". Não são raros os *gays* e as lésbicas expulsos de casa por seus pais. Entre os palavrões mais ofensivos que existem em português, constam a referência à condição homossexual (veado!) e a referência à relação anal (vai tomar no cu!), que é comum no homoerotismo masculino. Ou seja, é xingamento.

Muitas vezes, quando se diz: "fulano não é homem", entende-se que é *gay*; ou "fulana não é mulher", que é lésbica. Ou seja, ser homem ou ser mulher supostamente exclui a pessoa homossexual. Esta é vista como castrada e relegada a uma sub-humanidade. O imaginário social de gênero ainda está ligado ao modelo patriarcal, em que se espera do homem ser viril, provedor, heterossexual e pai; e da mulher ser feminina, caseira, também heterossexual e mãe. A homofobia se enraíza profundamente na cultura. No Brasil são frequentes os homicídios, sobretudo de travestis. Há também o suicídio de muitos adolescentes que se descobrem *gays* ou lésbicas, e mesmo de adultos. Eles chegam a esta atitude extrema por pressentirem a rejeição hostil da própria família e da sociedade. Tal hostilidade gera inúmeras formas de discriminação e, mesmo que não leve à morte, traz frequentemente tristeza profunda ou depressão.

O padre Júlio Lancellotti trabalha na cidade de São Paulo com a população de rua. Ele relata a situação dramática que encontra:

> Na missão pastoral tenho conversado com vários LGBTs que estão pelas ruas da cidade, alguns doentes, feridos, abandonados. Muitos relatam histórias de violência, abuso, assédio, torturas e crueldades. Alguns contam como foram expulsos das Igrejas e comunidades cristãs, rejeitados pelas famílias em nome da moral. Testemunhei lágrimas, feridas, sangue e fome. Impossível não reconhecer neles a presença do Senhor Crucificado (LANCELLOTTI, 2015)!

Além de formas brutais de violência e exclusão, há denúncias de formas sutis de subalternidade e opressão. Uma delas é o *covering* ou acobertamento, opressão sofrida por uma minoria face à corrente dominante que mantém os valores hegemônicos de um grupo social. Isto se dá quando um comportamento de assimilação se torna praticamente obrigatório em determinado contexto, como por exemplo a impossibilidade de *gays* e lésbicas manifestarem quem são, ou de suas uniões não poderem expressar afeto em público. Mesmo quando eles ou elas se encontram numa situação em que outros ao redor conhecem sua realidade, algum tipo de dissimulação se impõe como necessária ou desejável. De certa maneira, há submissão a um lema implícito: os de fora estão incluídos, mas somente se se comportarem como os de dentro, praticando o acobertamento (YOSHINO, 2006). Há também o *minority stress*, a sobrecarga físico-psicológica a qual um indivíduo está sujeito quando pertence a uma minoria (IRIGARAY, 2008, p. 113). Isto acontece com minorias étnico-raciais em ambientes racistas, com mulheres em locais machistas, com homossexuais e transgêneros em lugares homotransfóbicos. O ambiente adverso ou hostil lhes impõe uma sobrecarga para poderem viver, transitar ou trabalhar com o mesmo desempenho dos demais.

Apesar de todas as adversidades, nas últimas décadas houve importantes conquistas de direitos da população LGBT. No Brasil, decisões judiciais garantiram a cônjuges viúvos de uniões homossexuais herança, pensão e guarda dos filhos; tornaram possível a adoção de crianças por estas uniões; consideraram uniões homossexuais como casamento e família, com os mesmos direitos e obrigações das uniões heterossexuais; e permitiram a travestis e transexuais mudar seus documentos, colocando um nome que corresponde à sua identidade de gênero. A discriminação por orientação sexual ou identidade de gênero tornou-se crime equiparado ao racismo. Criou-se um novo ramo do direito: o direito homoafetivo. Empresas públicas, privadas e órgãos estatais que concedem benefícios a seus funcionários e respectivos familiares, incluem igualmente os LGBT, seus cônjuges e demais familiares. Algumas dessas instituições promovem com notável empenho políticas internas de inclusão da diversidade sexual e de gênero. Entretanto, muitas vezes seus funcionários homossexuais não revelam sua orientação sexual e não usufruem destas políticas. Há um forte receio de sofrerem constrangimento no ambiente de trabalho por parte de colegas mais próximos. O acobertamento muitas vezes acaba vencendo.

No nível governamental, há políticas públicas de combate à homofobia e de profissionalização de travestis e transexuais. O Sistema Único de Saúde (SUS) realiza processos transexualizadores, que possibilitam à pessoa transgênero adquirir em seu corpo características físicas do gênero com o qual se identifica. Estes processos podem ou não incluir tratamento hormonal, procedimentos cirúrgicos variados como a mastectomia (retirada de seios) para homens transexuais, e a cirurgia de redesignação genital/sexual ou de transgenitalização. Nesta cirurgia se altera o órgão genital da pessoa para se criar uma neovagina ou um neofalo. Não é correto se falar de mudança de sexo, pois este supostamente já está na pessoa, na percepção e na identificação de si (JESUS, 2012, p. 30).

O surgimento de novas questões

O movimento feminista trouxe reflexões e questionamentos radicais sobre a diferença sexual e seus papeis sociais. Isto teve incidência no pensamento e no ativismo em favor dos LGBT. Em 1949, Simone de Beauvoir publicou o livro *O segundo sexo*, com uma frase bombástica: "não se nasce mulher, torna-se mulher". Esta frase provocou um grande escândalo, e em 1956 a obra foi incluída no Índice dos Livros Proibidos da Igreja Católica. Para Beauvoir, ser mulher não é um dado natural, não se explica pela biologia e nem sequer pela psicanálise. É um acontecimento cultural, o resultado da ação de processos de construção simbólica que estão na origem da história humana. As mulheres que atualmente adquiriram os direitos de uma igualdade formal encontram-se diante da grandiosa tarefa de descobrirem quem são. A identidade feminina é algo estranho, construída pelo olhar do homem. A mulher não é ela mesma, mas o outro em relação ao homem, o seu objeto. O relacionamento entre os dois sexos não é uma relação de reconhecimento recíproco, na qual as duas consciências se relativizam mutuamente. Por isso, a mulher é apenas o segundo sexo: entre os sexos existe uma hierarquia. O homem constrói a sua liberdade no relacionamento com o outro, que é a mulher. A mulher não edifica a sua liberdade, porque não apresenta o homem como o seu outro, e não consegue sair da sua posição de objeto. Ela permanece enredada na biologia, prisioneira da espécie e à mercê das construções culturais sobre a essência do feminino.

A negação do fundamento biológico do ser mulher, não obstante seja declinada de modos diversos, é majoritária no feminismo, como também a identificação do caráter atribuído à mulher pelo pensamento masculino. Pode-se ver na abordagem de Beauvoir um notável exemplo de desconstrução da identidade, bem como uma estrutura filosófica de origem existencialista, que põe no centro a questão da liberdade, para a qual convergem diferentes formas de feminismo. A liberdade é considerada não como uma soma de direitos ou de oportunidades, mas como um modo autônomo e originário de definir o seu estar no mundo por si só, fundamentado na sua própria base (MANCINA, 2016). Isto se expressa num trecho do relato desta autora francesa sobre sua vida com Sartre, que teve ampla difusão: "Nada, portanto, nos limitava, nada nos definia, nada nos sujeitava; nossas ligações com o mundo, nós é que as criávamos; a liberdade era nossa própria substância" (BEAUVOIR, 2009, p. 16). A partir daí cunhou-se um lema existencialista: "Que nada nos defina. Que nada nos sujeite. Que a liberdade seja a nossa própria substância"!

Novas reflexões surgem problematizando a diferença sexual e os papeis sociais, como o conceito de gênero, que não vem da gramática e da linguística. A partir dos anos 1950, o psicólogo e sexólogo radicado nos Estados Unidos John Money utiliza este conceito no estudo da redesignação sexual de pessoas intersexuais. Neste caso, ele se pergunta: se estas pessoas nasceram com genitália ambígua, como é possível que o genital seja fator decisivo na constituição do gênero? Não pode ser. Então, utiliza tal conceito para designar o resultado de seu tratamento de "reorientação do gênero" de pessoas intersexo. Money desvincula gênero de genital (VIEIRA, 2015). Para ele, sexo é o componente orgânico/genético e gênero é o que as pessoas se tornam socialmente, incluindo o sentir-se masculino ou feminino de forma convicta e convincente, e assim identificar-se para si e para os outros.

Décadas depois, no caminho teórico aberto por este feminismo, surge a teoria *queer* para se lidar com a diversidade sexual e de gênero. Esse nome vem do inglês e significa esquisito ou extravagante. É uma forma de xingamento dirigida a homossexuais e transgêneros, que corresponde a veado ou bicha louca. Ativistas e pesquisadores se apropriaram deste termo como forma de afirmação, dando-lhe um conteúdo positivo. Os estudos/ativismo *queer* ou transviados criticam o binarismo de gênero (masculino *versus* feminino) e sexual (heterossexual *versus* homossexual), desnaturalizando as bioidentidades coletivas e individuais. Tais identidades não teriam nada de natural, neural, hormonal ou idílica. Dá-se ênfase nas relações de poder para interpretar as estruturas subjetivas e objetivas da vida social, e prioriza-se a dimensão do protagonismo humano na ação do sujeito.

Segundo Berenice Bento, os estudos/ativismo transviados querem de certa maneira olhar para qualquer guardião da moral e dizer:

> Eu não desejo mais o teu desejo. O que você me oferece é pouco. Isso mesmo, eu sou bicha, eu sou sapatão, eu sou traveco. E o que você fará comigo? Eu estou aqui e não vou mais viver uma vida miserável e precária. Quero uma vida onde eu possa dar pinta, transar com quem eu tenha vontade, ser dona/dono do meu corpo, escarrar no casamento como instituição apropriada e única para viver o amor e o afeto, vomitar todo o lixo que você me fez engolir calada/o (BENTO, 2014, p. 45).

Esta corrente teórica e ativista está ligada a uma forte crise da Modernidade que alguns estudiosos chamam Pós-modernidade. Um tipo diferente de mudança estrutural estaria transformando as sociedades modernas desde o final do século XX. Isto fragmenta as paisagens culturais de classe, gênero, sexualidade, etnia, raça e nacionalidade, que no passado tinha fornecido aos sujeitos sólidas localizações como indivíduos sociais. Estas transformações também estariam mudando as identidades pessoais, abalando a ideia que a pessoa tem de si mesma como sujeito integrado. O "sujeito" do Iluminismo, que supostamente tinha uma identidade fixa e estável, foi descentrado. Isto resultou em identidades abertas, contraditórias, inacabadas e fragmentadas do sujeito pós-moderno (HALL, 2001, p. 9 e 46).

Atualmente a filósofa norte-americana Judith Butler articula feminismo e diversidade sexual e de gênero na perspectiva *queer*. Ela é autora do livro *Problema de gênero: feminismo e subversão da identidade* (2008). Para ela, o gênero estabelece interseções com modalidades raciais, classistas, étnicas, sexuais e regionais de identidades discursivamente constituídas. Tornou-se impossível separar a noção de gênero das interseções políticas e culturais em que esta noção é produzida e mantida. São instituídas relações de coerência e continuidade entre sexo, gênero, desejo e prática sexual. Estabelecem-se linhas causais ou expressivas de ligação entre o sexo biológico, o gênero culturalmente constituído, e a expressão ou efeito de ambos na manifestação do desejo sexual por meio da prática sexual (p. 20 e 38).

A aparência de uma substância permanente ou de um "eu" com traços de gênero, é produzida pela regulação dos atributos segundo linhas de coerência culturalmente estabelecidas. Para Butler, não há identidade de gênero por trás das expressões do gênero. Esta identidade é performativamente constituída através das expressões tidas como seus resultados (2008, p. 47-48). Um enunciado é performativo quando realiza um ato ao ser pronunciado, como o "sim" dos nubentes na hora do casamento ou "declaro aberta a sessão", de modo que palavra e ato coincidem. A identidade de gênero se dá apenas na sua expressão.

A visão do gênero como substância supostamente tem razões políticas. A instituição de uma heterossexualidade compulsória e naturalizada exige e regula o gênero como uma relação binária, em que o masculino se diferencia do feminino por meio de práticas do desejo heterossexual. A diferenciação dos polos da estrutura binária resulta em sua consolidação, com a respectiva coerência interna do sexo, do gênero e do desejo (BUTLER, 2008, p. 45-46). A autora propõe uma reviravolta nestas configurações e suas ligações. O que acontece ao sujeito e à estabilidade das categorias de gênero quanto o regime epistemológico da presunção da heterossexualidade é desmascarado, explicitando-se como produtor e reificador de categorias ontológicas? Qual é a melhor maneira de problematizar as categorias de gênero que sustentam a sua hierarquia e a heterossexualidade compulsória (p. 8)?

A perda das normas de gênero teria o efeito de fazer proliferarem as configurações de gênero, de desestabilizar as identidades substantivas, e de despojar as narrativas naturalizantes da heterossexualidade compulsória de seus protagonistas centrais: os "homens" e "mulheres". Buscam-se novas possibilidades que contestem os códigos rígidos dos binarismos hierárquicos (BUTLER, 2008, p. 209-211). A autora esclarece que sua ênfase inicial na desnaturalização não era tanto uma oposição à natureza, mas uma oposição à invocação da natureza como modo de estabelecer limites necessários à vida organizada pelo gênero (2002, p. 157). O desafio é encontrar um vocabulário melhor para maneiras de viver o gênero e a sexualidade que não se encaixe tão facilmente na norma binária. Há necessidade de se emitir a palavra em que a complexidade existente possa ser reconhecida, onde o medo da marginalização, da patologização e da violência seja radicalmente eliminado. Butler arrisca dizer que talvez não seja tão importante produzir novas formulações de gênero, mas sim construir um mundo em que as pessoas possam viver e respirar dentro da sua própria sexualidade e do seu próprio gênero (2009).

Com frequência as reflexões *queer* trazem mais perguntas do que respostas, mais provocações do que conclusões, com o desejo permanente de desestabilizar e minar certezas tradicionais no campo do gênero e da sexualidade, bem como das práticas sociais daí decorrentes. Um exemplo destas provocações de inspiração *queer* é o Questionário para Heterossexuais, que certa vez foi distribuído em uma escola espanhola a alunos de 14 anos. Ele questiona a heterossexualidade como a única orientação sexual legítima. Eis as perguntas:

1) O que você pensa que causou a sua heterossexualidade?

2) Quando e como você decidiu que era heterossexual?

3) É possível que a heterossexualidade seja apenas uma fase que você possa superar?

4) É possível que a sua heterossexualidade derive de um medo neurótico em relação às pessoas do seu próprio sexo?

5) Se você nunca teve relações com uma pessoa do seu próprio sexo, não pode ser que o que você precisa é de um bom amante do seu próprio sexo? [...]

8) Por que você insiste em ostentar sua heterossexualidade? Por que você não pode simplesmente ser quem é e ficar numa boa? [...]

10) Parece haver muito poucos heterossexuais felizes. Foram desenvolvidas técnicas que podem ajudá-lo a mudar. Você já considerou a possibilidade de fazer terapia de reversão?

11) Considerando a ameaça que constituem a fome e a superpopulação, a raça humana poderia sobreviver se todos fossem heterossexuais como você? (POMPEU, 2008).

A emergência da diversidade sexual e de gênero traz ainda novas configurações identitárias para além da sigla LGBT. Neste âmbito, há vários tipos de pessoas: intersexuais, mencionadas acima, apresentando variações de caracteres sexuais, incluindo cromossomos ou órgãos genitais, que dificultam a sua identificação como totalmente femininas ou masculinas; pessoas assexuais, supostamente nascidas sem o desejo de manter relações sexuais e, em alguns casos, nem relações amorosas; pessoas pansexuais, com atração sexual ou amorosa independentemente de sexo ou identidade de gênero; e pessoas não binária (*genderqueer*), que não se identificam como homens nem como mulheres, mas como algo entre os sexos, ou uma combinação de ambos ou algo além, reagindo aos estereótipos e ao sistema binário. Alguns ampliam a sigla LGBT para LGBTQ+, onde "Q" corresponde aos não binários (*genderqueer*), e "+" corresponde a todas as demais identidades não incluídas nas letras anteriores.

Os estudos de gênero, que abrangem esta complexidade, são conhecidos em inglês como *gender theory*, comumente traduzido como teoria de gênero. Mas neste caso teoria não é uma tradução apropriada porque esses estudos são bastante heterogêneos. Não há uma explicação unificadora e abrangente, como é o caso de uma teoria. O que há é um acordo geral em considerar os complexos comportamentos, direta ou indiretamente ligados à esfera sexual, como fruto de dimensões diferentes, não totalmente independentes e, por sua vez, complexas: o sexo anatômico, o reconhecimento de si como homem ou mulher, o papel de gênero e a orientação sexual. Nem sempre há uma coerência necessária entre o sexo atribuído ao nascer, o reconhecimento e a vivência da própria identidade como homem ou mulher, o desejo e a prática sexuais. As diferentes identidades que compõem a sigla LGBTQ+ mostram isto e expressam a complexa diversidade entre homem e mulher. Tal é o denominador comum dos estudos de gênero. Portanto, como não há propriamente uma teoria, convém se falar de estudos.

Tal diversidade e suas novas configurações se beneficiam atualmente da reflexão e do ativismo predominantes em favor dos direitos humanos. Aspira-se por um mundo sem racismo, sem machismo, sem homofobia, sem transfobia e sem qualquer outra discriminação semelhante.

3
O mundo católico diante das questões de gênero e orientação sexual

Adesões

A mudança de mentalidade e a conquista de direitos da população LGBT se deu em nações com população majoritariamente cristã, católica ou protestante, que foram profundamente transformadas pela cultura moderna. Muitos agentes destas transformações têm motivações seculares, expressas em um registro não religioso. Mas há também religiosos cristãos pioneiros, ainda que minoritários, cuja postura contrastou fortemente com outros cristãos ou mesmo com outros fiéis de suas próprias Igrejas.

Nem tudo começou com Stonewall em 1969. Um ano antes, nos Estados Unidos, o reverendo Troy Perry fundou a Igreja da Comunidade Metropolitana. Ele criou o lema: "o Senhor é o meu pastor. Ele sabe que sou *gay*". Desde modo, uma frase do Salmo tão conhecida no meio cristão é lida em perspectiva inclusiva. No início de 1969, o padre agostiniano Patrick Nidorf fundou o grupo católico Dignity USA, destinado a fiéis *gays* e lésbicas.

No Brasil, inusitadamente, há também um pioneiro cristão que antes de Stonewall defendeu os homossexuais, atuando no campo da teologia e da pastoral. É o padre redentorista holandês Jaime Snoek (1920-2013), radicado neste país desde 1953. Ele escreveu um artigo na *Revista Vozes*, dos franciscanos de Petrópolis:

"Eles também são da nossa estirpe: considerações sobre a homofilia" (SNOEK, 1967, p. 792-803). Era um tempo em que ainda se considerava a homossexualidade doença, médicos chegavam a propor o seu tratamento com choque elétrico, mais países criminalizavam a prática homossexual e a homofobia era muito maior.

Este redentorista denunciava o tabu e a censura social sobre este tema, do qual quase não se falava, pois muitos consideravam os homossexuais como degenerados, perversos e criminosos. Isto gerava uma repulsa espontânea e generalizada, tendo como consequência uma conspiração de silêncio. Homossexuais acabavam vivendo no ostracismo e na clandestinidade, sofrendo amargamente rejeição por parte dos homens e "suposta reprovação por Deus". Tudo isso faz com que o suicídio seja cinco vezes mais frequente em homossexuais do que em heterossexuais.

A estrutura hétero ou homo já está fixada antes da idade de seis anos, e não depende da livre-opção da pessoa. As perspectivas de uma terapia para mudar esta estrutura são francamente desanimadoras. O homossexual terá que viver com sua condição. E também deve existir para ele e ela um caminho de santidade, um modo cristão de ser homossexual. Snoek cita o Novo Catecismo, publicado pelos bispos holandeses depois do Concílio Vaticano II, em 1966. Este Catecismo afirma que as expressões severas da Sagrada Escritura a respeito da homossexualidade genital não devem ser mal-entendidas, como se denunciassem o fato de certas pessoas terem atração pelo mesmo sexo sem culpa própria.

Sobre a moralidade da prática homossexual, Snoek formula a questão de outra maneira: esta vivência no plano erótico e genital pode ou não promover as pessoas envolvidas em termos de amor oblativo, interação mútua, humanidade e responsabilidade comum na construção do mundo? Se estes valores podem ser realizados, não se deve a priori qualificar a conduta homossexual como imoral e contra a natureza. Aos que propõem como caminho o celibato, este é dom e vocação, e não pode ser exigido. Muitas vezes será irrealizável.

Após traçar um bom panorama do tema, o artigo finaliza com cinco diretrizes práticas do Instituto Pastoral da Holanda: 1) em hipótese alguma pode-se romper uma amizade existente; 2) o matrimônio (entendido como união entre homem e mulher) não pode ser solução e deve ser desaconselhado; 3) não se deve esquecer que a continência, a chamada "via régia", não é uma exigência tão evidente; na verdade ela é observada só esporadicamente; 4) parece recomendável ajudar o homossexual a construir uma amizade firme; 5) no acompanhamento de amizades homossexuais, parece importante insistir sobretudo na fidelidade.

Estas posições, evidentemente, não foram compartilhadas pela ampla maioria do mundo católico. Já na época, o núncio apostólico do Brasil, dom Sebastião Baggio, foi a Petrópolis e reclamou do artigo de Snoek. Baggio chegou a dizer até que concordava com o conteúdo, mas que o tema não ficava bem em uma revista católica (NEOTTI, 2007).

Outro exemplo de pioneirismo cristão em favor dos LGBT é o presidente norte-americano Barack Obama, na cerimônia de posse de seu segundo mandato presidencial, em 2013. Ele foi eleito pela maioria de protestantes, católicos e judeus que foi às urnas. E fez seu juramento presidencial sobre as Bíblias que pertenceram a Abraham Lincoln e a Martin Luther King Jr. O seu discurso de posse repercutiu mundialmente com a manchete: "igualdade para *gays* e imigrantes". Obama citou a Declaração de Independência dos Estados Unidos, de 1776, onde afirma-se como verdade evidente que todos os homens são criados iguais, e lhes são conferidos pelo criador direitos inalienáveis, entre os quais o direito à vida, à liberdade e à busca da felicidade. É preciso ser igual não só aos olhos de Deus, mas aos olhos dos homens, prossegue o presidente.

E esta igualdade é uma estrela que guia o povo no presente, como guiou os seus antepassados em Seneca Falls, Selma e Stonewall. A tarefa desta geração não está completa, diz ele, até que "nossos irmãos e irmãs *gays*" sejam tratados como os outros perante a lei. Se somos criados iguais, então o amor que juramos mutuamente no casamento também tem que ser igual (OBAMA, 2013).

Os lugares por ele mencionados são ícones históricos de lutas sociais. Seneca Falls é o local da primeira convenção norte-americana em favor da emancipação feminina, em 1848. Selma é a cidade do Alabama de onde partiram as marchas pelos direitos civis dos negros, em 1965, lideradas por Luther King. E Stonewall, mencionado anteriormente, é o bar frequentado por *gays* e transgêneros em Nova York, onde eclodiu uma rebelião em 1969 contra as discriminações e as humilhações sofridas por eles. A igualdade desejada por Deus é conquistada através dos movimentos e das lutas sociais.

A escolha das Bíblias de Lincoln e Luther King não foi por acaso. Ambos lutaram até a morte pela emancipação dos negros em seu país. No livro sagrado dos cristãos, eles encontraram inspiração e alento para a sua luta libertária. Isto não foi simples. A Bíblia tem vários trechos que mencionam a escravidão e a segregação, e que historicamente foram utilizados para justificá-las. Lincoln e Luther King não ficaram reféns desta leitura ao pé da letra, fundamentalista, que era uma arma ideológica de seus adversários. O livro sagrado tem também outros trechos em favor da submissão da mulher ao homem, e da proibição das relações sexuais entre pessoas do mesmo sexo. Ainda hoje, estes trechos são utilizados por alguns cristãos para subalternizar as mulheres e para execrar os LGBT. Obama também não se submeteu a esta leitura. Após jurar sobre as Bíblias e se referir ao Deus Criador, ele defendeu com eloquência os negros, as mulheres, os *gays*, os imigrantes, os pobres, as crianças e a preservação do Planeta.

O casamento entre pessoas do mesmo sexo estava regulamentado em alguns estados norte-americanos. Em 2015, por uma decisão da suprema corte dos Estados Unidos, este casamento passou a valer em todo o território. Foram quatro casos de conviventes de uniões homoafetivas que recorreram a este tribunal, motivando a decisão. Uma destas uniões é formada por Michael DeLeon e Greg Bourke, juntos há trinta e três anos e com dois filhos adotivos. Eles são católicos praticantes e paroquianos ativos em Louisville, Kentucky. E seis dos nove juízes da Suprema Corte eram católicos (DEBERNARDO, 2015).

Na França, foi aprovada uma lei em 2012 reconhecendo o casamento entre pessoas do mesmo sexo, chamada Matrimônio para Todos. A sociedade ficou bastante polarizada, com manifestações muito numerosas contra e a favor. Quarenta por cento dos católicos foram a favor, entre os quais o próprio autor do projeto desta lei, o deputado socialista Erwann Binet. Ele é católico praticante, e não viu contradição entre a tradição cristã e os ideais humanitários do seu partido, que incluem a legalização do casamento *gay* (DUPONT, 2013).

O Casamento para Todos foi apoiado pelo jornal católico francês Témoignage Chrétien. Este jornal tem um importante papel histórico desde a resistência ao nazismo, na França ocupada durante a Segunda Guerra Mundial. Foi fundado em Lião, em 1941, na clandestinidade. Depois, posicionou-se em favor da descolonização europeia na África e na Ásia, e se engajou nos movimentos sociais. O Témoignage Chrétien se considera resolutamente fiel ao Concílio Vaticano II e à sua visão ecumênica, apoia a sã laicidade e quer testemunhar o que, nos acontecimentos, humaniza ou desumaniza.

Para este jornal, a homossexualidade, perseguida ou oprimida há longos séculos, é uma orientação sexual tão legítima e digna quanto a heterossexualidade. Hoje, o matrimônio civil é um contrato escolhido por pessoas tão livres e voluntárias como nunca foram antes. Recusar este contrato aos homossexuais seria acrescentar mais uma discriminação aos que muitas vezes já sofrem inúmeras. Por isso, considera-se justo abri-lo aos que querem uma legitimidade maior de sua união. Compete às religiões refletirem sobre o sentido religioso do casamento, mas seria um erro político grave colocar homossexuais contra religiosos. O Casamento para Todos não dissolverá a sociedade. O divórcio não fez o matrimônio desaparecer. Um grande número de divorciados se casa novamente. Esta ampliação do acesso ao casamento é um modo suplementar de integração na sociedade. Não há porque hesitar. A humanidade se engrandece quando os cidadãos se recusam a sacralizar os laços de sangue, e dão prioridade aos laços de fraternidade que os unem. O que os une, mesmo dentro da família, vai além do sangue. Cristo na cruz disse a João: "eis a tua mãe"; e à sua mãe: "mulher, eis o teu filho". Não é a paternidade biológica, não são os laços de sangue que nos fazem irmãos e irmãs. Nosso DNA único e comum é um amor fraterno, que sempre afasta para longe os nossos preconceitos e medos (TÉMOIGNAGE CHRÉTIEN, 2012).

No mundo cristão, não raramente se usam trechos da Bíblia para se condenar com veemência os LGBT, sem a devida contextualização das passagens bíblicas e sem a necessária consideração a respeito das pessoas envolvidas. É o que os norte-americanos chamam de "balas bíblicas" (*Bible bullets*). Mas este uso literal vem sendo contestado. Circula nas redes sociais uma carta, em tom irônico, de um estudante de teologia de Boston a uma radialista de grande audiência nos Estados Unidos, que em seu programa responde a perguntas dos ouvintes e com frequência condena a homossexualidade. É conhecida como Carta a uma Fundamentalista (2007), e traz as seguintes perguntas:

- Eu gostaria de vender minha filha como escrava, como é permitido em Ex 21,7. Na época atual, qual você acha que seria um preço justo por ela? [...]

• Lv 25,44 afirma que eu posso possuir escravos, tanto homens quanto mulheres, se eles forem comprados de nações vizinhas. Um amigo meu diz que isso se aplica a mexicanos, mas não a canadenses. Você pode esclarecer isso? Por que eu não posso possuir canadenses?

• Eu tenho um vizinho que insiste em trabalhar aos sábados. Ex 35,2 claramente afirma que ele deve ser morto. Sou moralmente obrigado a matá-lo eu mesmo?

• Um amigo meu acha que mesmo que comer moluscos seja uma abominação (Lv 11,10), é uma abominação menor que a homossexualidade. Eu não concordo. Você pode esclarecer esse ponto?

• A maioria dos meus amigos homens apara a barba, inclusive o cabelo das têmporas, mesmo que isso seja expressamente proibido em Lv 19,27. Como eles devem morrer?

O autor da carta quer denunciar o uso seletivo da Bíblia, especialmente a Lei de Moisés, por muitos judeus e cristãos. Escravidão, pena de morte aos que trabalham aos sábados ou aparam a barba, a abominação de comer moluscos, tudo isto é relevado hoje sem o menor problema, mas a homossexualidade não.

A alta hierarquia católica: resistências e aberturas em nível universal

O segmento majoritário no mundo cristão, representado pela Igreja Católica, tem um ofício autorizado de ensinar exercido por sua hierarquia, que é o magistério. O ensinamento da Igreja em nível universal pode vir dos concílios ecumênicos presididos pelo papa, do próprio papa diretamente ou de órgãos da Cúria Romana a quem ele delegar.

Com relação à homossexualidade, a Igreja ensina em seu Catecismo que vários homens e mulheres têm tendências homossexuais profundamente enraizadas. Esta inclinação é "objetivamente desordenada" e, para a maioria, constitui uma provação. Todos eles devem ser acolhidos com respeito, compaixão e delicadeza, evitando-se toda discriminação injusta. Estas pessoas são chamadas a realizar a vontade de Deus em sua vida e, se forem cristãs, a unir ao sacrifício da cruz do Senhor as dificuldades que podem encontrar por causa de sua condição. Com base na Bíblia, que apresenta os atos de homossexualidade como depravações graves (cf. Gn 19,1-29; Rm 1,24-27; 1Cor 6,10; 1Tm 1,10), a tradição sempre os considerou como "intrinsecamente desordenados". Tais atos são contrários à lei natural, fecham a relação sexual ao dom da vida e não procedem de uma complementaridade afetiva e sexual verdadeira. Em caso algum podem ser aprovados. As pessoas homossexuais são chamadas à castidade. Pelas virtudes do autodomínio, que educam a liberdade interior, pela oração, pela graça sacramental e às vezes pelo apoio de uma amizade desinteressada, estas pessoas podem e devem se aproximar gradual e resolutamente da perfeição cristã (CIC, 1997, n. 2.357-2.359).

Há também uma alusão indireta aos atos homossexuais, ao se mencionar na tradição catequética a existência de "pecados que bradam ao céu". Bradam ao céu o sangue de Abel, o pecado dos sodomitas (Gn 18,20; 19,13), o clamor do povo oprimido no Egito, o lamento do estrangeiro, da viúva e do órfão; e a injustiça para com o assalariado (CIC, 1997, n. 1.867)

A Igreja reconhece que o ser humano, criado à imagem e semelhança de Deus, não pode definir-se simplesmente pela referência à sua orientação sexual. Ele é bem mais que isto. Toda pessoa neste mundo enfrenta problemas e dificuldades, mas possui também oportunidades de crescimento, recursos, talentos e dons próprios. Nenhum ser humano é um mero homo ou heterossexual. Ele é acima de tudo criatura de Deus e destinatário de Sua graça, que o torna filho Seu e herdeiro da vida eterna. Toda violência física ou verbal contra pessoas homossexuais é deplorável, merecendo a condenação dos pastores da Igreja onde quer que se verifique. Sobre a culpabilidade em relação atos de homossexualidade, deve haver prudência no julgamento. São reconhecidos certos casos em que a tendência homossexual não é fruto de opção deliberada da pessoa, e que esta pessoa não tem alternativa e é compelida a se comportar de modo homossexual. Por conseguinte, em tal situação ela age sem culpa. Alerta-se para o risco de generalizações, mas podem existir circunstâncias que reduzem ou até mesmo eliminam a culpa da pessoa (CDF, 1986b, n. 16,10-11).

A transexualidade não é mencionada explicitamente nos documentos doutrinários, mas ensina-se que compete a cada um, homem e mulher, reconhecer e aceitar a sua identidade sexual (CIC, 1997, n. 2.333). Em 2015, a Congregação para a Doutrina da Fé foi consultada por um bispo espanhol sobre a possibilidade de um transexual ser padrinho de batismo. A resposta foi que o comportamento transexual revela de maneira pública uma atitude oposta à "exigência moral de resolver o próprio problema de identidade sexual segundo a verdade do próprio sexo". Por isso esta pessoa não preenche o requisito de viver uma vida conforme a fé e a função de padrinho (In: *Comunicado...*, 2015).

No pontificado de João Paulo II, quando as restrições à homossexualidade foram bem evidenciadas, colocou-se também a questão de uma possível "discriminação justa" contra *gays* e lésbicas. A Cúria Romana afirmou que a "tendência sexual" não constitui uma característica comparável a raça ou a tradições étnicas no que diz respeito a não discriminação. A tendência homossexual é uma desordem objetiva e requer solicitude moral. Não existe um direito à homossexualidade. É justo levar em conta a tendência sexual na adoção e guarda de crianças, na admissão de professores ou técnicos esportivos, e no recrutamento militar. Os direitos humanos não são absolutos. Eles podem ser legitimamente limitados devido à "desordem objetiva de conduta externa". Isto é lícito e às vezes é necessário não apenas no caso de comportamentos voluntários, mas também nos casos de doença física ou mental. O Estado pode restringir direitos, por exemplo, no caso de doença mental ou contagiosa para proteger o bem comum (CDF, 1992, n. 10-13). A não discriminação de *gays* e lésbicas só constitui um direito na medida em que não haja condutas homoeróticas. Caso contrário, a discriminação pode ser legítima para a proteção do bem comum.

O reconhecimento legal das uniões homossexuais teve forte oposição da Igreja. Para ela, estas uniões não desempenham, nem mesmo em sentido analógico remoto, as funções pelas quais o matrimônio (heterossexual) e a família merecem um reconhecimento específico e qualificado. Há razões para afirmar que tais uniões são "nocivas a um reto progresso da sociedade humana". Diante do reconhecimento ou da equiparação das uniões homossexuais ao matrimônio, com acesso aos direitos próprios deste último, é dever se opor de modo claro e incisivo. Deve-se evitar qualquer cooperação formal e material na promulgação e aplicação destas leis e, na medida do possível, recorrer-se à objeção de consciência. Houve, porém, uma concessão. Ainda que com ressalvas, afirma-se que em caso de pessoas homossexuais conviventes se podem reconhecer direitos com proteção legal para situações de interesse recíproco. Mas sobre a inserção de crianças em uniões homossexuais não há concessões. Deve-se evitá-la pois falta a bipolaridade sexual proporcionada pela paternidade e pela maternidade. Isto cria obstáculos ao desenvolvimento normal das crianças (CDF, 2003, n. 5, 7-9).

Há também forte oposição da alta hierarquia católica e de outros segmentos cristãos a certos campos dos estudos de gênero, bem como ao ativismo que deles decorre. Estes estudos são os principais elementos teóricos dos que defendem a igualdade entre homem e mulher na sociedade, e a inclusão e a cidadania dos LGBT. No espaço público, esta oposição gera disputas na elaboração e implementação de leis e políticas públicas que envolvem a família, a educação, a saúde e os direitos.

Segundo a Cúria Romana, a exaltação do individualismo liberal, aliada a uma ética subjetivista de busca desenfreada do prazer, com novas expressões de um socialismo de inspiração marxista, estariam ameaçando a família. Uma tendência que se manifestou na Conferência de Pequim, em 1995, pretende introduzir nos povos a "ideologia de gênero". Para essa ideologia, a maior forma de opressão do homem sobre a mulher é a família monogâmica institucionalizada, fundada na união heterossexual. Os papéis do homem e da mulher na sociedade são um mero produto da história e da cultura. Convém acabar com esse modelo de família, para que a mulher seja livre da opressão. E quanto à orientação sexual, o ser humano é livre para escolher o que lhe agrade, qualquer que seja o seu sexo biológico (PCF, 1999, n. 74 e nota 66). A expressão ideologia de gênero aparece pela primeira vez em um documento normativo da Cúria Romana. Terá depois ampla difusão, referindo-se ao conjunto de proposições consideradas inaceitáveis em relação a identidade de gênero e orientação sexual.

O alerta contra tendências teóricas oriundas do tema da mulher prosseguiu. A fim de se evitar qualquer supremacia de um sexo sobre o outro, tende-se a "eliminar as suas diferenças" considerando-as meros efeitos de um condicionamento histórico-cultural. A diferença corpórea, chamada sexo, é minimizada; e a dimensão cultural, chamada gênero, é maximizada e considerada primária. Tal antropologia obscurece a dualidade dos sexos em favor de perspectivas igualitárias para a mulher, questiona a natureza biparental da família, composta de pai e de mãe, e equipara a homossexualidade à heterossexualidade num novo modelo de sexualidade polimórfica. A motivação mais profunda desta tendência estaria na tentativa da pessoa humana de "libertar-se dos próprios condicionamentos biológicos". A natureza humana não teria em si características que se imponham absolutamente, mas cada pessoa poderia e deveria modelar-se a seu gosto, livre de toda a predeterminação ligada à sua constituição essencial. Diante de tais correntes de pensamento, deve-se reagir inspirando-se na fé em Jesus Cristo. Em lugar do antagonismo e da eliminação da diferença entre homem e mulher, propõe a colaboração ativa fundada no reconhecimento desta mesma diferença (CDF, 2004, n. 2-4).

O tom da crítica aos estudos de gênero subiu no pontificado de Bento XVI. Para ele, a fé no Criador é uma parte essencial do credo cristão, e a Igreja Católica não deve se limitar a transmitir aos fiéis somente a mensagem da salvação. Ela também tem uma responsabilidade com a criação. Deve defender os dons da criação que pertencem a todos e proteger o ser humano contra a sua própria destruição. É necessário que haja uma ecologia do homem. A natureza do ser humano como homem e mulher não é uma metafísica superada. Trata-se da fé no Criador e da escuta da linguagem da criação, cujo desprezo significaria uma "autodestruição" do ser humano e uma destruição da própria ordem de Deus. O que com frequência se expressa com o termo *gender*, prossegue o papa, sintetiza-se definitivamente na autoemancipação do ser humano em relação à obra do criador. O homem quer fazer-se por sua conta, e decidir sozinho sobre o que lhe afeta. Mas deste modo vive contra a verdade, vive contra o Espírito criador. Os bosques tropicais merecem proteção, mas não menos a merece o homem como criatura, no qual está inscrita uma mensagem que não contradiz a sua liberdade, mas que é sua condição (BENTO XVI, 2008).

Os ensinamentos da Igreja sobre os homossexuais e suas uniões foram abertamente contestados por uma parte do clero de Chicago. Em nome da dignidade da pessoa humana e do respeito que lhe é devido, estes padres criticaram a "demonização" de *gays* e lésbicas e o tom de tamanha violência e abuso contra eles, que são filhos de Deus e da Igreja. Ninguém mais do que eles estariam sendo massacrados por uma linguagem "tão vil". Termos como intrinsecamente desordenados, uniões nocivas, graves depravações, legalização do mal e grave prejuízo para o bem comum, são um bombardeio que em muitos arrasa o respeito próprio e a autoestima. Esta "linguagem asquerosa e tóxica", força-os a abandonar a participação ativa na Igreja e a questionar como podem permanecer em uma instituição que eles experimentam como abusiva. Não é possível trabalhar pastoralmente as necessidades de irmãos homossexuais com base neste tipo de linguagem. Os padres propõem um novo clima de abertura de diálogo que inclua a experiência vivida dos fiéis, reconhecendo a bênção divina na vida de inúmeros homossexuais em seus relacionamentos, e que suas vivências sejam ouvidas com respeito (CLERO DE CHICAGO, 2003).

Apesar de fortes críticas aos estudos de gênero e à legalização do casamento *gay*, houve um avanço em relação à descriminalização da homossexualidade. No final de 2008, foi apresentada na Organização Nações Unidas (ONU) uma proposta encabeçada pela França em favor desta descriminalização em todo o mundo. A proposta incluía o fim da discriminação por orientação sexual e identidade de gênero. Na época, segundo grupos de direitos humanos, o homoerotismo era punível em mais de 90 países, podendo levar à pena de morte no Afeganistão, no Irã, na Arábia Saudita, no Sudão e no Iêmen. A proposta francesa gerou um debate acalorado, teve a adesão de 66 países e a rejeição de 57. Estes, liderados pelo Egito, apresentaram uma declaração de oposição.

Na ONU, a delegação da Santa Sé manifestou apreço pela proposta francesa de condenar todas as formas de violência contra pessoas homossexuais, e exortou os Estados, inclusive os muçulmanos, a tomarem as medidas necessárias para pôr fim a todas as penas criminais contra elas (*Intervenção...*, 2008). Para a Igreja, as relações sexuais livremente consentidas entre pessoas adultas não devem ser consideradas delito pelo poder civil. Mas a Santa Sé se opôs ao fim da discriminação por identidade de gênero e orientação sexual. Alegou que isto poderia se tornar um instrumento de pressão contra os que consideram o comportamento homossexual moralmente inaceitável, não reconhecem a união homossexual como família, nem a sua equiparação à união heterossexual e nem o seu direito à adoção e à reprodução assistida (Difesa..., 2008).

A posição da cúpula da Igreja Católica em favor da descriminalização da homossexualidade em todo mundo não teve na época muita repercussão, mas no horizonte histórico isto significa uma enorme mudança. A Igreja – que no passado julgou e condenou à morte homossexuais, então chamados sodomitas – passou a exortar todas as nações, mesmo as muçulmanas, a eliminarem todas as medidas penais contra eles. Defender que os atos sexuais livres entre pessoas adultas não sejam considerados delito pela autoridade civil, é a posição do Iluminismo e do Código Napoleônico. Esta posição destoa inclusive do pontificado de João Paulo II, cujos documentos doutrinários afirmam que não há direitos à homossexualidade, que direitos humanos podem ser restringidos pelo Estado em caso de desordem objetiva de conduta externa, e que as uniões homossexuais são nocivas à sociedade. Isto poderia justificar precisamente a criminalização da homossexualidade. Curiosamente tais documentos vinham da Congregação para a Doutrina da Fé, dirigida pelo então Cardeal Ratzinger. Mas ele como papa, não mais sob as ordens do seu antecessor, pôde ter mais liberdade e trilhou outro caminho.

As conferências episcopais e suas posições em nível regional

Na alta hierarquia católica, além do ensinamento do papa e da Cúria Romana, as conferências episcopais em seus documentos trazem contribuições importantes à teologia e à pastoral, que são fruto de sua reflexão e de sua prática contextualizadas em diferentes realidades. Por se tratar de um ensinamento em nível regional, nacional ou mesmo continental, pode haver reflexões e propostas apropriadas e oportunas que não constariam em documentos de âmbito universal.

Os bispos norte-americanos trataram da pastoral com pessoas homossexuais. Os que trabalham neste campo são convidados a ouvir as experiências, as necessidades e as esperanças das pessoas homossexuais. Assim se manifesta o respeito à dignidade inata e à consciência do outro. *Gays* e lésbicas podem revelar a sua condição a familiares e amigos, e crescerem na vida cristã. Os bispos não aprovam a adoção de crianças por casais do mesmo sexo. No entanto aceitam o batismo de crianças sob a responsabilidade destes casais, se houver o propósito de que elas sejam educadas na fé da Igreja Católica (USCCB, 2006).

Há também uma bela carta dos bispos norte-americanos dirigida aos pais dos homossexuais, cujo título é profético: Sempre Nossos Filhos (*Always our children*). Os bispos afirmam que Deus não ama menos uma pessoa por ela ser *gay* ou lésbica. A Aids pode não ser castigo divino. Deus é muito mais poderoso, mais compassivo e, se for preciso, com mais capacidade de perdoar do que qualquer pessoa neste mundo. Os pais são exortados a amarem a si mesmos e a não se culparem pela orientação sexual de seus filhos, nem por suas escolhas. Os pais não são obrigados a encaminhar seus filhos a terapias de reversão para torná-los heterossexuais. Os pais são encorajados, sim, a lhes demonstrar amor incondicional. E dependendo da situação dos filhos, o apoio da família é ainda mais necessário (USCCB, 1997). Há muitas famílias em outros países que têm filhos homossexuais e sofrem imensamente com isto. Os pais frequentemente culpam a si mesmos e não sabem o que fazer. Esta mensagem é muito necessária também em outras realidades eclesiais e familiares.

A bênção de pessoas homossexuais foi tratada pelos bispos suíços. Eles afirmam que elas podem ser abençoadas, mas não a contração de uma união entre pessoas do mesmo sexo para não haver semelhança com o matrimônio sacramental (CES, 2002, n. 3). Com isto, outras possibilidades se abrem. No Ritual de Bênçãos da Igreja, por exemplo, há bênção de uma residência, com orações pelos que nela residem, bênção do local de trabalho e bênçãos para diversas circunstâncias. Portanto, pode-se abençoar pessoas homossexuais sem contrariar as normas da Igreja. Na busca de práticas que favoreçam o acolhimento, estas são iniciativas oportunas.

Quando a lei Matrimônio para Todos foi votada na França, os bispos franceses se posicionaram contra a equiparação da união homossexual à união heterossexual. Mas não só. Eles repudiam a homofobia, e felicitam a evolução do direito que hoje condena toda discriminação e incitação ao ódio em razão da orientação sexual. Reconhecem que muitas vezes não é fácil para a pessoa homossexual assumir a sua condição, pois os preconceitos são duradouros e as mentalidades só mudam lentamente, inclusive nas comunidades e nas famílias católicas. Estas são chamadas a acolher toda a pessoa como filha de Deus, qualquer que seja a sua situação. E, em uma união durável entre pessoas do mesmo sexo, para além do aspecto meramente sexual, a Igreja estima o valor da solidariedade, da ligação sincera, da atenção e do cuidado com o outro (CEF, 2012). Este pronunciamento dá passos importantes, pois prestigia a legislação civil contra discriminação e traz um olhar positivo em relação às uniões homoafetivas.

Os bispos brasileiros incluíram este tema ao tratar da renovação pastoral das paróquias. Com realismo e abertura, eles reconhecem as novas situações familiares, incluindo as uniões do mesmo sexo. Constatam que nas paróquias participam pessoas unidas sem o vínculo sacramental e outras em segunda união. Há também as que vivem sozinhas sustentando os filhos, avós que criam netos e tios que sustentam sobrinhos. Há crianças adotadas por pessoas solteiras ou do mesmo sexo, que vivem em união estável. Eles exortam a Igreja, família de Cristo, a acolher com amor todos os seus filhos. Conservando o ensinamento cristão sobre a família, é necessário usar de misericórdia. Nota-se que muitos se afastaram e continuam se afastando das comunidades porque se sentiram rejeitados, porque a primeira orientação que receberam consistia em proibições e não em viver a fé em meio à dificuldade. Na renovação paroquial, deve haver conversão pastoral para não se esvaziar a Boa-nova anunciada pela Igreja e, ao mesmo tempo, não deixar de se atender às novas situações da vida familiar. "Acolher, orientar e incluir" nas comunidades os que vivem em outras configurações familiares são desafios inadiáveis (CNBB, 2014, n. 217-218).

Com relação à educação, os bispos britânicos produziram e divulgaram nas escolas de suas dioceses um bom manual para o enfrentamento do *bullying* homofóbico, bifóbico e transfóbico (CES, 2018). *Bullying* é a prática de atos de violência física ou verbal, intencionais e repetidos, contra uma pessoa indefesa, podendo causar-lhe danos físicos e psicológicos. Isto é muito importante, pois muitas vezes crianças e jovens LGBT são duramente oprimidos. Não é raro a escola e até a própria família tornarem-se um inferno para estas pessoas.

As conferências episcopais oferecem assim elementos valiosos que favorecem a acolhida e o apostolado junto a pessoas LGBT.

O pontificado de Francisco e sua novidade

A relação da Igreja Católica com os LGBT inegavelmente vive um novo momento com o pontificado de Francisco. Quando ele retornou do Brasil a Roma, em 2013, disse algo que teve muita repercussão: "Se uma pessoa é *gay*, procura o Senhor e tem boa vontade, quem sou eu para a julgar? [...] Não se devem marginalizar estas pessoas por isso" (FRANCISCO, 2013b). Esta declaração é inédita na boca de um papa, especialmente por empregar o termo *gay* de modo positivo. Ele retoma o ensinamento do Concílio Vaticano II sobre a liberdade e a autonomia da consciência, e o traz para a realidade de pessoas homossexuais.

O papa impulsiona a Igreja Católica a viver um tempo de renovação pastoral. Ele a convoca a ir às "periferias existenciais", ao encontro dos que sofrem com as diversas formas de injustiças, conflitos e carências. É preciso abrir-se à novidade que Deus traz à nossa vida, que nos realiza e nos dá a verdadeira alegria e serenidade, porque Deus nos ama e quer apenas o nosso bem. Ele critica uma Igreja ensimesmada, entrincheirada em "estruturas caducas que perderam a capacidade de acolhimento" e fechada aos novos caminhos que Deus lhe apresenta. Para ele, a ação do Espírito Santo ergue o olhar dos fiéis para o horizonte, impelindo-os a essas periferias (FRANCISCO, 2013a).

A renovação neste pontificado se faz com abertura pastoral, novos enfoques doutrinais, gestos ousados e desencadeamento de novos processos. Tudo isto incide na relação com os LGBT. O ensinamento moral do papa é ao mesmo tempo matizado, aberto, crítico e alentador. Ele diz que "o anúncio do amor salvífico de Deus precede a obrigação moral e religiosa. Hoje, por vezes, parece que prevalece a ordem inversa". Uma pastoral missionária não deve estar obcecada pela transmissão desarticulada de uma multiplicidade de doutrinas a se impor insistentemente, mesmo envolvendo temas como aborto, casamento homossexual e uso dos métodos contraceptivos. O anúncio deve concentrar-se no essencial, que é também o que mais apaixona e atrai, procurando curar todo tipo de ferida e fazer arder o coração, como o dos discípulos de Emaús que encontraram o Cristo ressuscitado. A proposta evangélica deve ser mais simples, profunda e irradiante. É desta proposta que vêm depois as consequências morais. Nesta perspectiva, o confessionário não é uma sala de tortura, mas um lugar de misericórdia, no qual o Senhor nos estimula a fazer o melhor que pudermos (FRANCISCO, 2013c).

A salvação também tem uma dimensão imanente porque evangelizar, diz o papa, é tornar o Reino de Deus presente neste mundo. O Evangelho convida, antes de tudo, a responder a Deus que nos ama e nos salva, reconhecendo-O nos outros e saindo de nós mesmos para procurar o bem de todos. Os que se deixam salvar por Cristo são libertados do pecado, da tristeza, do vazio interior e do isolamento. A pregação moral cristã não é uma ética estoica do cumprimento impassível do dever, e nem um catálogo de pecados e erros. Ela é mais do que uma ascese ou conduta disciplinada, e mais do que uma filosofia prática. Há uma desproporção a ser evitada quando se fala mais da lei que da graça, mais da Igreja que de Jesus Cristo, mais do papa que da Palavra de Deus (*EG*, 2013, n. 1, 39 e 38).

Francisco também defende as mães solteiras que querem batizar seus filhos e enfrentam a "alfândega" criada por religiosos rigoristas. A Igreja deve ser a casa paterna onde há lugar para todos que enfrentam fadigas em suas vidas. Todos podem participar da vida eclesial e fazer parte da comunidade. As portas dos sacramentos não devem se fechar por qualquer razão, a começar pelo primeiro: o batismo. A Eucaristia, plenitude da vida sacramental, não é um prêmio para os perfeitos, mas um remédio generoso e um alimento para os que necessitam de forças. Isto tem consequências pastorais a serem consideradas com prudência e audácia. Muitas vezes agimos como controlador da graça e não como facilitadores. Mas a Igreja não é uma alfândega, é a casa paterna (*EG*, 2015, n. 47).

O conhecimento da verdade é progressivo, observa o papa, apoiando-se em São Vicente de Lérins, um dos Padres da Igreja do século V. A compreensão do homem muda com o tempo, prossegue Francisco, e sua consciência se aprofunda. Recorde-se o tempo em que a escravatura era aceita e a pena de morte era admitida sem nenhum problema. Os exegetas e os teólogos, como também as outras ciências e sua evolução, ajudam a Igreja a amadurecer o próprio juízo. Como consequência, há normas e preceitos eclesiais secundários que em outros tempos foram eficazes, mas que hoje perderam valor ou significado. Uma visão da doutrina da Igreja como um bloco monolítico a ser defendido sem matizes é errada (FRANCISCO, 2013c).

Ele não elencou todas as normas e todos os preceitos secundários, que em meio à evolução da teologia e das ciências perderam seu valor, mesmo porque este processo é dinâmico, envolve consensos eclesiais e sempre articula permanências e mudanças. Mas o papa aponta para a teologia e para a evolução das ciências como agentes do amadurecimento da Igreja. Isto se apoia no ensinamento do Concílio Vaticano II. O que os apóstolos de Jesus transmitiram à Igreja progride sob a assistência do Espírito Santo. Ao longo dos séculos, a Igreja tende continuamente para a plenitude da verdade divina (*DV*, n. 8). A teologia e as ciências profanas conduzem os fiéis a uma vida de fé mais pura e adulta (*GS*, n. 62). Há uma ordem ou hierarquia de verdades na doutrina católica, segundo o nexo destas verdades com o fundamento da fé cristã. Alguns pontos são mais importantes porque estão estreitamente ligados a este fundamento. Outros, por sua vez, são menos importantes porque estão menos ligados a ele (*UR*, n. 11). Quando o Catecismo da Igreja Católica completou 25 anos, o papa reiterou o aspecto dinâmico e progressivo do ensinamento da Igreja: "Não se pode conservar a doutrina sem fazê-la progredir, nem se pode prendê-la a uma leitura rígida e imutável, sem humilhar a ação do Espírito Santo" (FRANCISCO, 2107b).

A hierarquia de verdades é válida, diz o papa, tanto para os dogmas de fé como para os demais ensinamentos da Igreja, incluindo a doutrina moral. Na mensagem moral, há uma hierarquia nas virtudes e nas ações. A misericórdia é a maior das virtudes. As obras de amor ao próximo são a manifestação externa mais perfeita da graça interior do Espírito. Os preceitos dados por Cristo e pelos Apóstolos ao povo de Deus são pouquíssimos. E os preceitos adicionados posteriormente pela Igreja devem ser exigidos com moderação, para não tornar pesada a vida aos fiéis e nem transformar a religião numa escravidão (*EG*, 2013, n. 36-37 e 43).

Nesta moral matizada que o papa expõe tem grande importância o bem possível. Sem diminuir o valor do ideal evangélico, é preciso acompanhar, com misericórdia e paciência, as possíveis etapas de crescimento das pessoas, que vão se construindo dia a dia. Um pequeno passo no meio de grandes limitações humanas pode ser mais agradável a Deus do que uma vida externamente correta, de quem não enfrenta maiores dificuldades. A consolação e a força do amor salvador de Deus devem chegar a todos. Deus opera misteriosamente em cada pessoa, para além dos seus defeitos e das suas quedas. Um coração missionário não renuncia ao bem possível, ainda que corra o risco de sujar-se com a lama da estrada (*EG*, 2015, n. 44-45).

Um exemplo da relação entre o ideal evangélico e o bem possível é a família formada pela união exclusiva e indissolúvel entre um homem e uma mulher. Todos os papas defendem esta instituição. Mas certa vez Francisco fez um interessante e inesperado elogio à mulher paraguaia, que ele considera "a mais gloriosa da América Latina". Isto porque após a Guerra do Paraguai – contra o Brasil, a Argentina e o Uruguai entre 1864 e 1870 – sobraram no Paraguai oito mulheres para cada homem. E as mulheres paraguaias fizeram uma escolha difícil e arriscada: ter filhos para salvar a pátria, a cultura, a fé e a língua (FRANCISCO, 2013b). O papa elogiou uma prática extramatrimonial de procriação, feita em escala nacional em circunstâncias extremas. Estas mulheres são consideradas mais gloriosas do que todas as outras, incluindo as que vivem no modelo tradicional de família. Com isto, Francisco não contraria a moral católica e nem diminui o apreço pelo matrimônio, mas mostra corajosamente o amplo alcance da busca do bem possível no campo da moral.

A gradualidade na aplicação da lei moral não é um elemento novo na doutrina, incluindo o que se refere à castidade. A busca do bem possível muitas vezes impele os fiéis a trilharem um caminho progressivo, de crescimento em etapas passando por fases marcadas pela imperfeição e até pelo pecado, conforme ensina o Catecismo (CIC, 1997, n. 2343). Mas esta gradualidade é quase desconhecida em muitos ambientes católicos e deveria ser ensinada de forma mais ampla. Muitas vezes há um triunfo do tudo ou nada, do idealismo estéril sem paciência e sem misericórdia. O papa é contundente contra esta rigidez: "fujam dos padres rígidos! Eles mordem!" (FRANCISCO, 2015e).

A novidade de seu pontificado em relação aos LGBT vai além de documentos magisteriais. Está também em gestos públicos e palavras no acolhimento destas pessoas, que são exemplos positivos e inspiradores. No início de 2015, ele recebeu em sua casa a visita do transexual espanhol Diego Neria e de sua companheira Macarena, deixando-se fotografar com ambos. A história de vida de Diego tornou-se então conhecida, mostrando o preconceito atroz que muitos transgêneros sofrem e como se pode enfrentá-lo.

Ele nasceu com genital feminino, mas desde criança sentia-se homem. Seu cérebro e sua autopercepção não correspondiam ao restante do corpo. No Natal, Diego escrevia aos reis magos pedindo como presente tornar-se menino. Ao crescer, resignou-se à sua condição. "Minha prisão era meu próprio corpo, porque não correspondia absolutamente ao que minha alma sentia", confessa. Ele escondia esta realidade o quanto podia. Sua mãe pediu-lhe que não mudasse o seu corpo enquanto ela vivesse. E ele acatou este desejo até a morte dela. Quando ela morreu, Diego tinha 39 anos. Um ano depois, ele começou o processo transexualizador. Na Igreja que frequentava, despertou a indignação de pessoas: "como se atreve a entrar aqui na sua condição? Você não é digno". Certa vez, chegou a ouvir de um padre em plena rua: "você é filha do diabo"! Mas felizmente teve o apoio do bispo de sua diocese, que lhe deu ânimo e consolo. Isto encorajou Diego a escrever ao Papa Francisco e a pedir um encontro com ele. O papa o recebeu e o abraçou no Vaticano, na presença da sua companheira, com palavras que lhe trouxeram grande conforto. Hoje, Diego Neria é um homem em paz (HERNÁNDEZ, 2015).

Nos Estados Unidos, Francisco recebeu na nunciatura apostólica o seu antigo aluno e amigo *gay* Yayo Grassi, e o companheiro dele. Grassi já tinha apresentado o seu companheiro ao papa dois anos antes. Este relacionamento nunca foi problema na amizade entre Grassi e Francisco. Também o chileno Juan Carlos Cruz, vítima de abuso sexual por um sacerdote, foi recebido pelo pontífice, com quem conversou longamente em particular. Francisco lhe disse: "Juan Carlos, que você é *gay* não importa. Deus te fez assim e te ama assim, e eu não me importo. O papa te ama assim. Você precisa estar feliz como você é" – conforme relatou Cruz (CUÉ, 2018). Este comentário de valor inestimável não é um pronunciamento oficial, constando no site do Vaticano, mas uma conversa particular do papa.

Diego não foi repreendido pelo papa por ter feito o processo de transexualização, nem por ter se casado depois com uma mulher. Grassi e Cruz não ouviram de Francisco que a tendência homossexual é objetivamente desordenada, podendo conduzir a atos intrinsecamente desordenados, conforme o Catecismo. Com isto, não se pode dizer que este papa menospreza os documentos doutrinários da Igreja, mas nestas questões ele se volta para o que é pastoralmente mais importante: a bondade da criação divina, o amor incondicional de Deus, a acolhida da pessoa e a autonomia de sua consciência. Estes exemplos mostram o que é acolher e não julgar, e valem ainda mais que muitas palavras. Se todos os pais e familiares de LGBT seguissem o exemplo do papa, recebendo-os em suas casas com seus respectivos companheiros, vários problemas dessa população seriam resolvidos.

Um jornalista perguntou a Francisco o que ele diria a uma pessoa transgênero, e se ele como pastor e ministro a acompanharia. O papa respondeu que tem acompanhado pessoas homossexuais e transgênero, lembrando o caso de Diego, e exortou: "as pessoas devem ser acompanhadas como as acompanha Jesus. [...] em cada caso, acolhê-lo, acompanhá-lo, estudá-lo, discernir e integrá-lo. Isto é o que Jesus faria hoje" (FRANCISCO, 2016a). A história de Diego não é exaltação do individualismo liberal, nem busca desenfreada do prazer e nem autossuficiência humana que se rebela contra a obra do Criador. Mas mostra a verdade interior da pessoa que vem à tona, como na vida de tantos LGBT.

A abertura do pontificado de Francisco inclui a exortação aos teólogos a prosseguirem no caminho do Concílio Vaticano II, de releitura do Evangelho na perspectiva da cultura contemporânea. Estudar e ensinar teologia deve significar "viver em uma fronteira", na qual o Evangelho encontra as necessidades das pessoas às quais é anunciado de maneira compreensível e significativa. Deve-se evitar uma teologia que se esgote em disputas acadêmicas ou que contemple a humanidade a partir de um castelo de cristal. Ela deve acompanhar os processos culturais e sociais, especialmente as transições difíceis, assumindo os conflitos que afetam a todos. Os bons teólogos, como os bons pastores, devem ter "cheiro de povo e de rua", e com sua reflexão derramar "óleo e vinho nas feridas dos homens", como o bom samaritano do Evangelho (FRANCISCO, 2015a).

Para o papa, o teólogo deve enfrentar o trabalho árduo de distinguir a mensagem de vida da sua forma de transmissão, de seus elementos culturais nos quais em um determinado tempo ela foi codificada. Não fazer este exercício de discernimento leva inevitavelmente a trair o conteúdo da mensagem. Faz com que a Boa-nova, verdadeiro sentido do Evangelho, deixe de ser nova e deixe de ser boa, tornando-se uma palavra estéril, vazia de toda sua força criadora, curadora e ressuscitadora. Assim se coloca em perigo a fé das pessoas de nosso tempo. A doutrina cristã não deve ser um sistema fechado, privado de dinâmicas capazes de gerar interrogações, dúvidas e questionamentos. Pelo contrário, ela tem rosto, corpo e carne, que se chama Jesus Cristo. É sua vida que é oferecida de geração em geração a todos os seres humanos, em todas as partes do mundo (FRANCISCO, 2015c).

Os estudos de gênero fazem parte da pregação do papa. Em alocução pública, ele falou sobre família e a inquietação que tais estudos lhe trazem. Conforme a tradição judaico-cristã, a instituição familiar é um grande dom que Deus deu à humanidade, criando o ser humano homem e mulher e instituindo o sacramento do matrimônio. A diferença sexual está presente em várias formas de vida, mas somente no homem e na mulher esta diferença traz a imagem e a semelhança divina. A sua finalidade não é a oposição ou a subordinação, mas a comunhão e a geração. O ser humano precisa da reciprocidade entre homem e mulher para se conhecer bem e crescer harmonicamente. Recentemente, prossegue o papa, a cultura abriu novos espaços, liberdades e profundidades que enriquecem a compreensão desta diferença, mas também trouxe muitas dúvidas e bastante ceticismo. E fez esta interrogação: "pergunto-me se a chamada teoria do *gender* não é também expressão de uma frustração e resignação, que visa cancelar a diferença sexual porque já não sabe confrontar-se com ela" (FRANCISCO,

2015b). Para ele, corre-se o risco de se dar um passo atrás. A remoção da diferença seria verdadeiramente o problema, não a solução.

Também a notável Encíclica ecológica do papa, *Laudato Si'* (*LS*), toca nas questões de gênero. Cabe ao ser humano "aprender a aceitar o próprio corpo, a cuidar dele e a respeitar os seus significados", pois isto é essencial para uma verdadeira ecologia humana. É preciso ter "apreço pelo próprio corpo na sua feminilidade ou masculinidade", para o devido reconhecimento de si mesmo no encontro com o outro que é diferente (n. 155). No horizonte desta Encíclica há algo muito importante do ponto de vista histórico e bastante relevante na contemporaneidade: a refutação do dualismo e do desprezo pelo corpo e pela matéria.

Aponta-se Jesus como quem vivia em plena harmonia com a criação, que não Se apresentava como um asceta separado do mundo, ou mesmo como um inimigo das coisas prazerosas da vida. Ao falar de Si mesmo, disse: "veio o Filho do Homem que come e bebe, e dizem: 'é um comilão e beberrão'" (Mt 11,19). Jesus trabalhava com suas próprias mãos, entrando diariamente em contato com a matéria criada por Deus para moldá-la com Sua capacidade de artesão. É notável que a maior parte da sua existência terrena tenha sido dedicada a esta tarefa. Portanto, "encontrava-Se longe das filosofias que desprezavam o corpo, a matéria e as realidades deste mundo. Todavia, ao longo da história, estes dualismos combalidos tiveram notável influência nalguns pensadores cristãos e desfiguraram o Evangelho" (*LS*, n. 98). Questões de gênero e de sexualidade podem ser repensadas com proveito ao se refutar estes dualismos.

O Sínodo dos Bispos sobre a Família e seus desdobramentos

Já no primeiro ano do pontificado de Francisco, em 2013, foi convocado o Sínodo dos Bispos para tratar da família e seus desafios atuais, dando início a um período rico e criativo. A mensagem cristã no campo da sexualidade e da família tem uma grandeza e uma beleza inegáveis, mas também problemas e questionamentos inevitáveis. Em certos pontos, há uma notável disparidade entre o ensinamento da Igreja e a vida da maioria dos fiéis. No questionário preparatório do Sínodo, enviado a todas as dioceses católicas do mundo, perguntava-se, entre outras coisas, que atenção pastoral se pode dar às pessoas que escolheram viver em uniões do mesmo sexo e, caso adotem crianças, o que fazer para lhes transmitir a fé. Ocorreram muitos debates e entrevistas, produziram-se amplos relatórios, com uma notável repercussão na mídia.

O Sínodo é uma instituição consultiva, bem como os seus relatórios e suas proposições. Após a sua realização, o papa publica uma exortação pós-sinodal, que é o ensinamento oficial (magistério) da Igreja a respeito do tema tratado. Mesmo sendo apenas consultivo, o Sínodo traz indicações bastante relevantes a respeito da situação eclesial, os consensos e as divergências existentes entre os bispos, que são muito importantes para o discernimento do papa.

Os relatórios produzidos desde a convocação desse Sínodo apontaram claramente nesta direção: não mudar a doutrina da Igreja sobre a família, fundada na união exclusiva e indissolúvel entre um homem e uma mulher, mas ao mesmo tempo acolher sem condenar as pessoas que vivem em outras configurações familiares. O valor desse processo, além dos textos normativos, é o debate aberto na Igreja acerca de questões de sexualidade, família, gênero e bioética como nunca se viu nas últimas décadas. Isso ajuda a formar e a expressar consensos dos fiéis, favorecendo a pastoral, a reflexão teológica e a recepção criativa da Exortação Pós-sinodal, que incidem também na relação entre Igreja e Estado, e nas políticas públicas.

No encerramento da assembleia do Sínodo, o papa fez um balanço bem realista das divergências entre os bispos:

> Aquilo que parece normal para um bispo de um Continente, pode resultar estranho, quase um escândalo – quase! –, para o bispo doutro continente; aquilo que se considera violação de um direito numa sociedade, pode ser preceito óbvio e intocável noutra; aquilo que para alguns é liberdade de consciência, para outros pode ser só confusão. Na realidade, as culturas são muito diferentes entre si e cada princípio geral [...] se quiser ser observado e aplicado, precisa ser inculturado (FRANCISCO, 2015d).

As exortações pós-sinodais são elaboradas a partir dos consensos alcançados nas assembleias sinodais. O magistério da Igreja em nível universal deve levar em conta os diferentes contextos de continentes e países. A tarefa de articular convergências e chegar a um denominador comum é complexa e difícil. O Papa Bento XVI relatou a missão que recebeu quando era cardeal, no tempo de João Paulo II, de coordenar o trabalho dos bispos para a elaboração do Catecismo da Igreja Católica. O livro deveria mostrar em que a Igreja hoje crê e como se pode crer razoavelmente. Ele confessa que ficou assustado com esta missão e duvidou que isto fosse exequível. Como é que pessoas vivendo em diferentes continentes, não apenas geográficos, mas também intelectuais e espirituais, poderiam chegar a um texto com coesão interna e compreensível em todos os continentes? Ele considera um prodígio o cumprimento dessa missão (BENTO XVI, 2011, p. 6-7). Diante da complexidade de se obter consensos e ao mesmo tempo de se respeitar diferenças, o magistério universal não diz tudo a respeito de um assunto e tende a ser cauteloso nas inovações.

A Exortação do papa sobre a família foi assinada no Dia de São José (19/03/2016), que na liturgia católica é patrono da Sagrada Família, composta por Jesus, Maria e José. *Amoris Laetitia* (*AL*) é uma ampla dissertação, partindo da premissa de que a alegria do amor vivido nas famílias é também o júbilo da Igreja. A força da família reside essencialmente na sua capacidade de amar e ensinar a amar (*AL*, n. 1 e 53). Muitas situações e questões contemporâneas são contempladas, lançando luzes sobre a vida familiar concreta. A Exortação está longe de ser um texto doutrinário abstrato e frio. A grande novidade está na forte sensibilidade pastoral, com matizes muito cuidadosas na aplicação da doutrina. Para o papa, nem todas as discussões doutrinais, morais e pastorais devem ser resolvidas com intervenção do magistério. Naturalmente, é necessária na Igreja uma unidade de doutrina e práxis, mas isso não impede que haja diferentes maneiras de interpretar alguns aspectos da doutrina ou algumas consequências que dela decorrem. Em cada país ou região, pode-se buscar soluções mais inculturadas, atentas às tradições e aos desafios locais (*AL*, n. 3).

Francisco faz um forte alerta contra o ímpeto moralista, que muitas vezes reina em ambientes cristãos e na hierarquia da Igreja Católica, visando fomentar o devido respeito à consciência e à autonomia dos fiéis:

> [...] nos custa dar espaço à consciência dos fiéis, que muitas vezes respondem o melhor que podem ao Evangelho no meio dos seus limites, e são capazes de realizar o seu próprio discernimento perante situações onde se rompem todos os esquemas. Somos chamados a formar as consciências, não a pretender substituí-las (*AL*, n. 37).

Nessa mesma linha, a formação moral das novas gerações deve realizar-se de forma indutiva, de modo que um filho e uma filha possam chegar a descobrir por si mesmos a importância de determinados valores, princípios e normas, em vez de impô-los como verdades indiscutíveis (*AL*, n. 264).

Em toda e qualquer circunstância, perante quem tenha dificuldade de viver plenamente a lei de Deus, deve ressoar o convite para percorrer a *via caritatis*, o caminho do amor. A caridade fraterna é a primeira lei dos cristãos, conforme o mandamento de Jesus: "amai-vos uns aos outros, como eu vos amo" (Jo 15,12). Ela constitui a plenitude da lei (Gl 5,14). Sem diminuir o ideal evangélico, deve-se acompanhar com misericórdia e paciência as possíveis etapas de crescimento das pessoas, que se constroem dia a dia. A misericórdia do Senhor nos incentiva a praticar o bem possível (*AL*, n. 306 e 308). É preciso abrir o coração aos que vivem nas mais variadas periferias existenciais. Os pastores são convidados a escutar com carinho e serenidade, com o desejo sincero de entrar no âmago do drama das pessoas e compreender o seu ponto de vista, para ajudá-las a viver melhor e reconhecer o seu lugar na Igreja (*AL*, n. 312).

Não se pode dizer que todos os que estão numa situação chamada irregular vivem em estado de pecado mortal, privados da graça santificante. Um pastor não pode estar satisfeito apenas com a aplicação da lei moral aos que vivem nessa situação, como se fossem pedras atiradas contra a vida das pessoas. Por causa de condicionamentos ou de fatores atenuantes, pode-se viver na graça de Deus, amar e também crescer na vida da graça e da caridade, recebendo para isso a ajuda da Igreja que inclui os sacramentos. Por isso, deve-se lembrar aos sacerdotes que o confessionário, onde comumente se ministra o sacramento da penitência, não é uma sala de tortura, mas o lugar da misericórdia do Senhor. E a Eucaristia não é um prêmio para os perfeitos, mas um remédio generoso e um alimento aos que necessitam (*AL*, n. 301, 305 e nota 351).

A questão do acesso aos sacramentos dos que vivem em situação irregular, sobretudo os divorciados recasados, foi bastante polêmica desde a convocação do Sínodo. Há décadas que fiéis, pastores e teólogos buscam soluções para isso. O papa não dá uma solução taxativa e abrangente, mas abre caminho aos pastores para que, no acompanhamento dos fiéis e no respeito ao seu discernimento, possam lhes ministrar os sacramentos. As considerações sobre os fiéis em situação irregular aplicam-se também aos que vivem em outras configurações familiares, como pais não casados e uniões homoafetivas.

As ressalvas da alta hierarquia católica nas últimas décadas sobre a "ideologia de gênero" também estão contempladas no Relatório Final do Sínodo, e ratificadas na Exortação Pós-sinodal. Afirma-se que esta ideologia:

> [...] nega a diferença e a reciprocidade natural de homem e mulher. Prevê uma sociedade sem diferenças de sexo, e esvazia a base antropológica da família. Esta ideologia leva a projetos educativos e diretrizes legislativas que promovem uma identidade pessoal e uma intimidade afetiva radicalmente desvinculadas da diversidade biológica entre homem e mulher. A identidade humana é determinada por uma opção individualista, que também muda com o tempo. Preocupa o fato de algumas ideologias deste tipo, que pretendem dar resposta a certas aspirações por vezes compreensíveis, procurarem impor-se como pensamento único que determina até mesmo a educação das crianças. É preciso não esquecer que sexo biológico (*sex*) e função sociocultural do sexo (*gender*) podem-se distinguir, mas não separar (*AL*, n. 56).

Este conjunto de proposições chamado ideologia de gênero não é defendido por um autor específico, mas se trata sim de um agrupamento de afirmações consideradas inaceitáveis, oriundas de mais de um autor. Algo semelhante aconteceu com a condenação do modernismo, feita pela alta hierarquia católica no início do século XX. Não havia um autor que ao mesmo tempo defendesse todas as proposições, então condenadas sob o título de modernismo.

As questões específicas da homossexualidade, por sua vez, são colocadas lembrando que a Igreja deve assumir o comportamento de Jesus. Ele se oferece por todos sem exceção, com um amor sem fronteiras. Às famílias que têm filhos homossexuais, reafirma-se que cada pessoa, independentemente da própria orientação sexual, deve ser acolhida e respeitada na sua dignidade, evitando-se toda discriminação injusta, agressão e violência. Um respeitoso acompanhamento deve ser assegurado, para que todos os que manifestam a tendência homossexual disponham da ajuda necessária para compreender e realizar plenamente a vontade de Deus em sua vida (*AL*, n. 250). A acolhida de pessoas homossexuais, já ensinada no Catecismo (1997, n. 3528), é trazida para o contexto das famílias com filhos homossexuais, onde isso é mais urgente. Porém, não se aceita a equiparação das uniões homossexuais ao matrimônio, por não haver comparação entre tais uniões e o desígnio divino sobre o matrimônio e a família. Não se aceita também que haja pressão de organismos internacionais, condicionando a ajuda financeira a países pobres à introdução de leis nesse sentido (*AL*, n. 251).

O feminismo também foi contemplado, com apoio e ressalvas. A mesma dignidade entre o homem e a mulher impele a alegrar-se com a superação de velhas formas de discriminação e com o desenvolvimento de um estilo de reciprocidade dentro das famílias. Se aparecem formas de feminismo que não se pode considerar adequadas, de igual modo admira-se a obra do Espírito no reconhecimento mais claro da dignidade da mulher e de seus direitos (*AL*, n. 54). O Papa Francisco confessa: "aprecio o feminismo, quando não pretende a uniformidade nem a negação da maternidade". Com efeito, a grandeza das mulheres implica todos os direitos decorrentes da sua dignidade humana inalienável, mas também do seu "gênio feminino", indispensável para a sociedade. Essa expressão, já utilizada por João Paulo II, refere-se às capacidades especificamente femininas – em particular a maternidade – que conferem também deveres às mulheres, já que o seu ser implica também uma missão peculiar nesta terra, que a sociedade deve proteger e preservar para o bem de todos (*AL*, n. 173).

Depois da Exortação Pós-sinodal, as questões de gênero e orientação sexual são ainda tratadas em documentos lançados pelo Vaticano. Um deles é: *Homem e mulher os criou*: para uma via de diálogo sobre a questão do *gender* na educação (CEC, 2019). Basicamente reitera ensinamentos tradicionais da Igreja Católica sobre antropologia e sexualidade, incluindo seus temores. O próprio título remete aos primeiros capítulos da Bíblia, à criação do ser humano homem e mulher, para se unirem por toda vida, procriarem e povoarem a terra. Ao mesmo tempo, porém, abre alguns caminhos que podem ser promissores.

No subtítulo já se propõe um diálogo, via de duas mãos, no tratamento de um assunto polêmico e não raramente explosivo que é gênero. Uma boa novidade deste documento é a distinção entre ideologia e diversas pesquisas sobre gênero realizadas pelas ciências humanas, reconhecendo não faltar investigações procurando aprofundar adequadamente o modo em que se vive, nas diversas culturas, a diferença sexual entre homem e mulher (n. 6). Portanto, não há razão para certa histeria toda vez que se fala em gênero. Outra boa novidade é o alerta contra o *bullying*. Na educação de crianças e jovens, deve-se respeitar cada um na sua condição diferente e peculiar. Que ninguém seja vítima de violência, insultos e discriminações (n. 16).

Este documento não responde às expectativas dos que esperavam da cúpula da Igreja Católica uma firme condenação dos estudos de gênero, mas sequer responde às expectativas dos que desejavam um debate aberto e articulado sobre tais estudos. Como se trata de uma proposta para fomentar o diálogo, e não de um pronunciamento definitivo e inquestionável, cabe ouvir os demais parceiros possíveis deste diálogo. Entre eles, estão os diversos pesquisadores e as pessoas sobre as quais se pesquisa: mulheres e homens, incluindo heterossexuais e cisgênero, bem como outros LGBT+. Sua vivência e sua consciência não podem ser negligenciadas.

Outro documento é: *O que é o homem? (Sl 8,5)*: itinerário de antropologia bíblica (PCB, 2019). Neste se delineia uma nova compreensão a respeito das uniões entre pessoas do mesmo sexo, sem condená-las, mesmo afirmando que não há exemplo do seu reconhecimento legal na tradição bíblica:

> Há algum tempo, em particular na cultura ocidental, manifestaram-se vozes dissidentes em relação à abordagem antropológica da Escritura, do modo como é compreendida e transmitida pela Igreja nos seus aspectos normativos. Tudo isso é julgado como simples reflexo de uma mentalidade arcaica e historicamente condicionada. Sabemos que diversas afirmações bíblicas, em âmbito cosmológico, biológico e sociológico, foram gradualmente consideradas ultrapassadas pela progressiva afirmação das ciências naturais e humanas; analogamente – deduzem alguns – uma compreensão nova e mais adequada da pessoa humana impõe uma radical reserva em relação à exclusiva valorização da união heterossexual, em favor de uma análoga acolhida da homossexualidade e das uniões homossexuais como expressão legítima e digna do ser humano (n. 185).

Em seguida, trata de textos da Bíblia usados para condenar a prática da homossexualidade, incluindo os mencionados no Catecismo (Gn 19,1-29; Rm 1,24-27; 1Cor 6,10; 1Tm 1,10), mostrando outras interpretações não condenatórias (PCB, 2019, n. 185-195). Por ser um documento do Vaticano que aborda esta realidade, o ensinamento traz uma importante novidade, que é situá-la na perspectiva da evolução da doutrina.

Enfim, nas questões de gênero e orientação sexual resta muito a ser feito no mundo católico para se trilhar o caminho aberto pelo Concílio Vaticano II, de releitura do Evangelho na perspectiva da cultura contemporânea. Convém ressaltar que, na abertura deste Concílio, o Papa João XXIII fez uma advertência enérgica contra os profetas da catástrofe que só veem prevaricação e ruína, sempre anunciando acontecimentos infelizes como se o fim do mundo fosse iminente. Eles repetem que em nossa época, em comparação com as passadas, as coisas só pioraram; e "portam-se como quem nada aprendeu da história" (JOÃO XXIII, 1962, IV, n. 2-3). Também hoje há profetas da catástrofe, que obstinadamente enxergam ameaças destruidoras da família e da sociedade. Para eles, só restaria à Igreja Católica reiterar dogmas, preceitos e proibições.

O Papa Francisco recordou a célebre advertência de seu antecessor sobre tais profetas, e mostrou exatamente o oposto deste catastrofismo, que é a perspectiva positiva: o olhar de quem crê é capaz de reconhecer a luz do Espírito Santo irradiando na escuridão, de entrever o vinho em que a água pode ser transformada, e de descobrir o trigo que cresce no meio do joio (*EG*, n. 84). É chegado o momento de se reconhecer esta luz, de se entrever este vinho e de se descobrir este trigo nos caminhos que favorecem a cidadania da população LGBT+ na sociedade e na Igreja. Assim quem crê pode então contribuir para um mundo onde todos possam viver e respirar em seu gênero e sexualidade, sem o risco da marginalização, da patologização e da violência.

4
Homossexuais e o acesso ao sacerdócio ministerial

Uma questão que vem à tona e sua repercussão

O acolhimento de pessoas homossexuais na Igreja Católica também inclui a questão do seu acesso ao sacerdócio ministerial. Como devem ser tratados os sacerdotes e os candidatos ao sacerdócio com esta orientação sexual? À primeira vista, este assunto é algo interno da Igreja Católica. Porém, há implicações sobre a imagem da pessoa homossexual, com consequências éticas e pastorais. Por isso, pessoas e instituições se manifestaram com contribuições e reflexões relevantes.

Em 2018, os bispos da Itália tiveram um encontro com o papa, em que se tratou da crise de vocações sacerdotais e religiosas, da transparência e sobriedade na gestão de bens, e da fusão de dioceses. Após a alocução do pontífice, câmeras foram tiradas do recinto, jornalistas saíram, portas se fecharam e teve início uma conversa franca entre o ele e o episcopado italiano. Então, o papa teria convidado os bispos a um atento discernimento sobre candidatos homossexuais ao sacerdócio, pois os que têm estas tendências "profundamente enraizadas" e a prática de "atos homossexuais" podem comprometer a vida do seminário, a do próprio jovem, seu futuro sacerdócio e gerar escândalos. E teria alertado: "Se vocês tiverem a menor dúvida, é melhor não os deixar entrar". Estas prováveis declarações de Francisco podem gerar uma imagem de homofobia e intolerância. Porém, é preciso entendê-las à luz do ensinamento da Igreja a este respeito, que tem matizes importantes.

Neste pontificado, a Cúria Romana publicou um documento sobre a vocação presbiteral. Considera-se o dom desta vocação, concedido por Deus no coração de alguns homens, uma exigência à Igreja para que lhes proponha um sério caminho de formação. Deve-se conservar e desenvolver as vocações para que produzam frutos maduros. Elas são como um "diamante bruto" que deve ser esculpido com habilidade, respeito pela consciência das pessoas e paciência, para que resplandeçam no meio do povo de Deus (CC, 2016, n. 1). Tratou-se também dos candidatos ao presbiterato com orientação homossexual, reiterando textualmente posições de uma Instrução publicada no início do pontificado de Bento XVI, que diz:

> A Igreja, embora respeitando profundamente as pessoas em questão, não pode admitir ao Seminário e às Ordens sacras aqueles que praticam a homossexualidade, apresentam tendências homossexuais profundamente radicadas ou apoiam a chamada *cultura gay*. Estas pessoas encontram-se, de fato, numa situação que obstaculiza gravemente um correto relacionamento com homens e mulheres. [...] no caso de se tratar de tendências homossexuais que sejam apenas expressão de um problema transitório como, por exemplo, o de uma adolescência ainda não completa, elas devem ser claramente superadas, pelo menos três anos antes da Ordenação diaconal (CEC, 2005, n. 2; CC, 2016, n. 199-200).

Esta questão também diz respeito à vida religiosa consagrada, pois todos os membros das congregações religiosas, presbíteros ou não, homens ou mulheres, têm voto de castidade no celibato, vida comunitária e participam, segundo o carisma de seu respectivo instituto, da missão evangelizadora da Igreja. A estes, a orientação da autoridade eclesiástica é "que se excluam da vida religiosa aquelas e aqueles que não conseguem dominar suas tendências homossexuais" (CIVC, 1990, n. 39).

Quando publicaram a Instrução romana, no pontificado de Bento XVI, o cardeal que assina o texto afirmou em entrevista ser inoportuno ordenar candidatos homossexuais, ainda que haja sacerdotes de conduta exemplar com esta orientação sexual (GROCHOLEWSKI, 2005, p. 24-25). Alguns louvaram a medida por terem o mesmo entendimento do prefeito. Outros a criticaram, julgando que o Vaticano queria combater escândalos de abuso sexual punindo os homossexuais. Isto porque há uma associação indireta entre homossexualidade e pedofilia sugerida no documento, onde são introduzidas: "normas acerca de uma questão particular, que a situação atual tornou mais urgente, isto é, a admissão ou não ao Seminário e às Ordens sacras dos candidatos que tenham tendências homossexuais" (CEC, 2005, Introdução). A referência à situação atual, que torna as normas supostamente mais urgentes, são os escândalos de pedofilia então noticiados amplamente. Acreditava-se que a implementação da Instrução poderia resolver ou diminuir o problema. Mas tais escândalos, argumentam os críticos, também têm vítimas meninas e mulheres, e não se questiona a admissão de pessoas heterossexuais ao sacerdócio (GRAMICK, 2005).

Segundo a Instrução, compete à Igreja definir os requisitos necessários para a ordenação e chamar os que ela julgar qualificados. No rito latino se supõe o compromisso do celibato; nos ritos orientais, ou o celibato ou um matrimônio (heterossexual) bem consolidado. O candidato ao sacerdócio deve atingir a maturidade afetiva que o torne capaz de estabelecer uma correta relação com homens e mulheres. E com esta maturidade, deve desenvolver uma paternidade espiritual em relação à comunidade que lhe será confiada. Cabe ao bispo ou ao superior religioso chamar as ordens, depois de ouvir os encarregados da formação (CEC, 2005, n. 1 e 3).

A recepção da Instrução, porém, agregou novos elementos sobre o entendimento de tendências homossexuais profundamente enraizadas e sobre cultura *gay*. Na tradição da Igreja, recepção é o modo como normas e doutrinas são acolhidas e assimiladas na vida das Igrejas locais, e nelas se tornam expressões de fé. É um processo pelo qual, com a ajuda a orientação do Espírito, o povo de Deus reconhece intuições ou ideias e as integra na configuração e na estrutura de sua vida e de seu culto, aceitando um novo testemunho da verdade e as formas de expressão que lhe correspondem, porque se compreende que estão de acordo com a Tradição apostólica. O processo de recepção é fundamental para a vida e a saúde da Igreja enquanto povo peregrinante na história para a plenitude do Reino de Deus (CTI, 2014, n. 78). As realidades locais e os diferentes horizontes de interpretação têm um papel muito importante neste processo, permitindo compreensões mais matizadas e flexíveis.

O então presidente da Conferência Episcopal Alemã, cardeal Karl Lehmann, afirmou que se deve entender por tendências homossexuais profundamente enraizadas não quaisquer tendências pelo mesmo sexo, mas aquelas que são um grave obstáculo a uma correta relação com homens e mulheres (LEHMANN, 2006, p. 36). Seguindo esta interpretação, também as tendências heterossexuais profundamente enraizadas são um grave obstáculo. O ex-superior geral dos dominicanos, Timothy Radcliffe, trabalhou em todo o mundo com bispos e padres, diocesanos e religiosos. Ele afirmou não ter dúvidas de que Deus chama homossexuais ao sacerdócio. E afirma que eles estão entre os sacerdotes mais dedicados e impressionantes que encontrou. Por isso, nenhum sacerdote que esteja convencido de sua vocação deve se sentir classificado pelo documento como incapaz. E pode-se presumir que Deus continuará chamando ao sacerdócio tanto homossexuais como heterossexuais, porque necessita dos dons de ambos.

Quanto à cultura *gay*, Radcliffe diz que seminaristas e sacerdotes não devem frequentar bares *gays* e que seminaristas não devem desenvolver uma subcultura *gay*. Qualquer subcultura sexual, *gay* ou hétero, é incompatível com o celibato. Mas apoiar a cultura gay significa apenas isto? Interroga-se ele. A Instrução afirma que a Igreja deve se opor à discriminação injusta contra os homossexuais, assim como ela se opõe à discriminação racial (n. 2). Isto significa, então, que todos os sacerdotes devem estar preparados para se colocarem ao lado dos *gays*, caso eles sofram opressão. E serem vistos do lado deles.

A sociedade, prossegue ele, tem obsessão por sexo, e a Igreja deveria oferecer um modelo de sã e não compulsiva aceitação da sexualidade. O catecismo do Concilio de Trento ensina que o sacerdote deve tratar de sexo "de preferência com moderação do que com excesso". Deveria haver mais atenção a quem os seminaristas podem odiar do que a quem eles amam. Racismo, misoginia e homofobia deveriam indicar que alguém pode não ser modelo de Cristo (RADCLIFFE, 2005).

A Conferência dos Bispos Suíços também se pronunciou sobre esta questão e a admissão ao sacerdócio:

> Nós somos profundamente gratos a todos os padres que vivem sua vocação com grande fidelidade. Nós temos consciência de que em nosso colégio presbiteral e nos nossos seminários vivem coirmãos com orientação heterossexual e outros com orientação homossexual. Nós respeitamos cada um como homem e coirmão. Nós decidimos viver a castidade independentemente de nossa orientação sexual. Por isso, no âmago de nossas reflexões sobre o acesso ao sacerdócio, não há questão de orientação sexual, mas a disponibilidade de seguir Cristo de maneira coerente (CES, 2006, p. 33).

Como se pode notar, a recepção da Instrução romana estimulou uma fidelidade criativa em alguns segmentos da Igreja. A reflexão se aprofundou, os conceitos foram matizados e se abriram caminhos, com um apreço maior pela pessoa homossexual.

Em 2007, a Cúria Romana lançou um novo documento com orientações sobre o uso da psicologia na admissão e na formação de candidatos ao sacerdócio. A formação para o sacerdócio é compreendida como uma configuração a Cristo, o bom pastor. Nesta formação, deseja-se cultivar motivações espirituais e buscar um equilíbrio humano e afetivo, para que haja liberdade interior na relação com os fiéis. O uso da psicologia através de testes e de psicoterapia é recomendado em certas circunstâncias, mas não é obrigatório.

O caminho formativo deve ser interrompido no caso de o candidato, apesar do seu empenho e do apoio psicológico, ser incapaz de "enfrentar de modo realista" suas graves imaturidades. Entre elas, são mencionadas: forte dependência afetiva, notável falta de liberdade nas relações, excessiva rigidez de caráter, falta de lealdade, identidade sexual incerta e tendências homossexuais fortemente enraizadas. O mesmo vale no caso de excessiva dificuldade com o celibato, "vivido como uma obrigação tão penosa a ponto de comprometer o equilíbrio afetivo e relacional" (CEC, 2007, n. 10).

Note-se que a orientação homossexual, ainda que classificada como grave imaturidade, não é causa de impedimento ao sacerdócio, mas a incapacidade de se lidar com esta orientação de maneira adequada. A restrição do documento anterior foi amenizada. E, seja quem for o candidato, ele não deve viver o celibato a qualquer preço, sacrificando o seu equilíbrio emocional. Esta norma é sabia e muito oportuna também para os religiosos e os fiéis leigos.

Em meio a toda esta polêmica, no entanto, a autoestima de seminaristas e sacerdotes *gays* é bastante bombardeada. É preciso que haja um ambiente de confiança onde eles possam admitir a sua condição, ainda que apenas para si mesmos e para seus orientadores espirituais e seus superiores. E que possam conversar, refletir e orar sobre isto. Caso contrário, a homossexualidade enrustida terá efeitos devastadores em si mesmos e nos outros. Faltam modelos explícitos de santidade homossexual, conhecidos e estimados na Igreja, nos quais estas pessoas possam se inspirar.

Para aprofundar a questão

Muitas dioceses e congregações religiosas estão abertas a ordenar homens homossexuais comprometidos com a vida celibatária. Eles tendem a ser homens calorosos, inteligentes, talentosos e sensíveis, que são qualidades importantes para o ministério e para a vida religiosa. Não raramente, destacam-se como liturgistas e pregadores, e exercem o ministério de forma criativa e eficiente. A grande maioria guarda sua orientação sexual para si. Amigos íntimos e outros sacerdotes homossexuais sabem, mas com frequência pais e familiares não são informados. Pais e irmãos atentos podem desconfiar, mas na maioria dos casos não tocam no assunto.

Cabe interrogar se a homossexualidade é de fato um fenômeno crescente no sacerdócio ou simplesmente há mais visibilidade do que em gerações passadas? Talvez ambas as coisas. É bem provável que muitos dos sacerdotes homossexuais de gerações passadas não tinham a menor noção da natureza de sua sexualidade. As últimas décadas presenciaram uma mudança radical na autopercepção e na conscientização dos homossexuais (COZZENS, 2001, p. 132). Não há estatísticas precisas, mas é notória a proporção bem mais elevada de pessoas homossexuais no clero do que no restante da população. E não se pode negar esta presença também nos institutos femininos (OLIVEIRA, 2007, p. 5).

Houve tempos em que a sexualidade era tratada como tabu. Mas ainda hoje em muitos grupos vocacionais, seminários, casas de formação, paróquias, comunidades, pastorais e movimentos não se fala claramente deste tema. Às vezes a mencionam quando relacionada a outros considerados mais importantes, como o celibato e a castidade. Outras vezes fala-se da sexualidade apenas de modo negativo, como se ela fosse em si mesma uma realidade perigosa e pecaminosa (OLIVEIRA, 2007, p. 89), revivendo-se deste modo um dualismo que por muitos séculos contaminou o cristianismo, desprezando o corpo, a matéria e a vida terreste.

Mesmo com o tabu e o dualismo, há historicamente um afluxo de pessoas homossexuais à vida religiosa consagrada e ao sacerdócio. Segundo o historiador John Boswell, dos séculos VI ao XIII, a Igreja proporcionou a estes homens e mulheres um abrigo seguro durante um período caótico e perigoso. A vida religiosa consagrada, celibatária, oferecia às mulheres um modo de escapar das consequências do casamento, como dormir com um marido e ter filhos, que poderiam não só ser indesejáveis como até mesmo ameaçadoras à vida. Proporcionava-se a ambos os sexos um meio de evitar papeis sexuais convencionais. Elas podiam exercer o poder em comunidades religiosas, entre outras mulheres, sem serem subordinadas ao chefe masculino da família.

Os homens podiam ser parte de uma comunidade de iguais, em que todos eram homens, sem as responsabilidades de paternidade ou de administrar um lar. Podiam exercitar, por meio do sacerdócio, habilidades de cuidar e servir que, em outras circunstâncias, estavam associadas às mulheres e eram consideradas vergonhosas para os homens. Eles podiam evitar obrigações de guerra e dedicar-se ao estudo. Elas podiam se tornar letradas e instruídas, uma oportunidade rara para o seu sexo fora das comunidades religiosas depois do declínio do Império Romano no Ocidente. Para Boswell, é razoável acreditar que nestas circunstâncias o sacerdócio e as comunidades religiosas tenham exercido uma atração particular em pessoas homossexuais, especialmente em sociedades que as tratavam como estranhas, e nas quais não havia outra alternativa para o matrimônio, concebido essencialmente como união heterossexual. De fato, estas pessoas nem precisavam de uma motivação espiritual para ingressar em uma comunidade de iguais do mesmo sexo (BOSWELL, 1989, p. 9).

Provavelmente isto aconteceu na maior parte da história da Igreja. Homens e mulheres de fé, com orientação homossexual, consideravam naturalmente atraentes a vida religiosa consagrada e o sacerdócio celibatário. Não é surpresa que homossexuais católicos, com frequência pessoas profundamente espirituais, com o desejo de servir aos outros e uma inclinação natural para o rito litúrgico, sintam-se atraídos pelo sacerdócio e pela vida religiosa. Ao entrar no seminário, não há mais necessidade de explicar a familiares e amigos porque não têm namoradas e não se casam. A disciplina do celibato e o papel de porta-voz de uma Igreja que a estabelece para seu clero, são uma ajuda poderosa para manter sob controle inclinações sexuais perturbadoras, ou até assustadoras, pelo menos para alguns (COZZENS, 2001, p. 139).

Para o devido acompanhamento de candidatos homossexuais ao sacerdócio e à vida religiosa, é necessário que a instituição, seja ela diocese, paróquia ou instituto, verifique se está preparada para este tipo de vocacionado. São pessoas cuja afetividade e sexualidade extrapolam o convencional, exigindo um tratamento diferente e específico. É uma ofensa à dignidade do ser humano receber alguém em um ambiente onde as pessoas, especialmente as encarregadas do acompanhamento, não estejam abertas para isso. Não é justo nem evangélico introduzir alguém em um ambiente onde o veem como anormal, doente ou "coitadinho". Ninguém se sente bem sendo motivo de deboche, vendo pessoas cochichando pelos cantos, ou ouvindo piadas homofóbicas. Para receber um candidato homossexual é preciso criar um ambiente acolhedor, onde a diferença não seja vista como chaga, pecado ou algo semelhante (OLIVEIRA, 2007, p. 23-25).

Estas formas de hostilidade não são gratuitas. Há importantes indicações de que sejam um temor inconsciente do coração humano, recusando-se a se reconciliar com a própria verdade. Psicólogos constatam que um dos temores mais profundos é o medo da impotência e da homossexualidade, como se fosse uma espécie de castração. Como foi visto anteriormente, a expressão "fulano não é homem" ou "fulana não é mulher" para se referir à pessoa homossexual, testemunha esta presumida castração. Por isso, sem que se dê conta, constroem-se uma série de barreiras contra qualquer suposta ameaça ou perigo de contágio. Há *gays* e lésbicas que não se assumem, nem para si mesmos. E também a pessoa heterossexual tem uma dimensão homossexual em diferentes proporções, conforme a escala de Kinsey.

Ao se levar em conta ambos os fatores – medo inconsciente e um componente real maior ou menor de homossexualidade – é explicável que um dos mecanismos inconscientes de defesa seja a agressividade, o desprezo e a hostilidade à pessoa homossexual. O medo do perigo de contágio, fanatismos, rigorismos e repugnâncias em relação a *gays* e lésbicas revelam uma necessidade de ocultar a verdade sobre si. Na base dos preconceitos, há frequentemente o medo de perder a própria segurança diante do que é diferente, estranho e desconhecido, catalogando-o por isso mesmo como perigoso e inferior. Quanto maiores o fanatismo e a repugnância contra a homossexualidade, provavelmente existe também uma maior necessidade de ocultar a própria existência, ou uma plena recusa a reconciliar-se com a própria verdade (AZPITARTE, 1991, p. 65-66).

Sobre este tipo de fanatismo e repugnância, vale o alerta do Papa Francisco contra os rígidos. "Hipócritas", ressalta ele, é uma palavra que Jesus muitas vezes dirige às pessoas rígidas, porque "por detrás da rigidez há sempre algo escondido, em muitos casos uma vida dupla". Com efeito, "a rigidez não é um dom de Deus; a mansidão sim; a bondade sim; a benevolência sim; o perdão sim, mas a rigidez não". Há também algo de doentio. Como sofrem os rígidos. Quando são sinceros e se dão conta disto, sofrem porque não conseguem ter a liberdade dos filhos de Deus, não sabem como se caminha na lei do Senhor e não são bem-aventurados (FRANCISCO, 2016b). Os rígidos com vida dupla se mostram belos e honestos, mas quando ninguém os vê fazem coisas más. Certamente, "há quem usa a rigidez para encobrir debilidades, pecados, doenças de personalidade e usam a rigidez para prevalecer sobre os outros" (2017a).

Nos seminários e casas de formação, mesmo quando há acolhida, os candidatos homossexuais podem conviver com um receio considerável de que sua orientação sexual se torne um obstáculo em seu caminho rumo à ordenação. Em alguns ambientes, eles têm que lidar com as implicações de serem parte de uma minoria. Suas necessidades espirituais e emocionais requerem aconselhamento e orientação sensatos de orientadores espirituais e do corpo docente do seminário. Mas, por outro lado, seminaristas e sacerdotes homossexuais sentem necessidade de amizade com outros homossexuais. Isto pode levar a uma vida social constituída essencialmente de outros homens com orientação homossexual, criando-se uma subcultura *gay* em dioceses e seminários. Como consequência, homens heterossexuais em ambientes com um número significativo de homossexuais podem experimentar uma sensação de desestabilização, com certa insegurança e a impressão de que não se encaixam ali. Tanto no nível psíquico como no espiritual, eles não se sentem à vontade. Os formadores de seminários precisam estar atentos a este fenômeno (COZZENS, 2001, p. 133-134, 143).

Com relação à observância da castidade, mandamento para todo cristão solteiro ou casado, deve-se considerar o que primeiramente a define, isto é, a integração da sexualidade na pessoa, na sua unidade de corpo e alma (CIC, 1997, n. 2337). Esta integração é um caminho gradual e só pode ser bem-sucedida se a pessoa viver em paz com a própria sexualidade, sendo capaz de relacionar-se e de amar o seu semelhante e a si mesma, dentro de sua opção de vida. As condutas e os caminhos neste campo são importantes, mas não podem prescindir jamais desta integração, sob pena de anular a pessoa humana e afetivamente. Reconhecer e assumir a própria orientação sexual é necessário para bem integrá-la. O contrário disto é a orientação sexual enrustida.

Sobre isto, o dominicano Donald Goergen afirma:

> As comunidades religiosas não se beneficiam com a homossexualidade enrustida. Não quero dizer que os homens precisem tornar pública sua sexualidade, uma noção que parece ser uma estranha maldição de nosso período da história. Por homossexuais enrustidos refiro-me a homens enrustidos em relação a si próprios. Ou seja, eles estão significativamente fora de contato com sua sexualidade e, assim, são incapazes de aceitar o grau ou tipo de homossexualidade presente em si; como resultado, são homens que vivem em negação, medo e ódio de si mesmos. Para que homens homossexuais vivam em comunidades religiosas, eles precisam estar suficientemente à vontade para não temer sua homossexualidade, e certamente precisam ser capazes de reconhecer quem são diante de amigos de confiança (GEORGEN, 1998, p. 268. In: COZZENS, 2001, p. 144).

Tal risco persiste. Para muitos jovens de hoje, a vida celibatária se apresenta como uma boa oportunidade de não enfrentar situações pessoais relacionadas com a afetividade e a sexualidade. No entanto, a escolha do celibato só adia os problemas. Mais cedo ou mais tarde estes voltam com muito mais força e sem controle, por terem sido "varridos para debaixo do tapete". Por isso é grave o comportamento dos que querem resolver problemas de ordem afetiva e sexual com piedosos conselhos de apelo a Jesus, fazendo disso uma espécie de "tapete cósmico" debaixo do qual são jogadas situações muito graves, na busca desesperada de soluções mágicas que não existem de fato.

A irrupção dos problemas é mais explosiva e irracional se eles tiverem sido acompanhados por uma pedagogia da repressão. Quando os sentimentos são reprimidos por muito tempo eles terminam irrompendo drasticamente, sem controle e sem a vontade consciente do indivíduo. Há quem, consciente ou inconscientemente, esconde sua condição debaixo da capa das aparências de ortodoxia, fidelidade, rigorismo, moralismo e de vestes eclesiásticas. Alguns, para disfarçar sua situação, cultivam formas exageradas de piedade e de espiritualismo. No final das contas, tem-se pessoas "não resolvidas" que, na amargura de uma sexualidade tumultuada, terminam por dificultar a vida de outros e a dinâmica da evangelização. No lugar da pedagogia da repressão, deve haver uma educação sexual capaz de orientar a própria consciência, buscando uma realização coerente com o estilo de vida abraçado (OLIVEIRA, 2007, p. 90-91 e 6-7).

Há sacerdotes homossexuais que seguem o instinto social de encontrar a companhia de indivíduos semelhantes, sacerdotes ou não, compartilhando sua identidade com amigos de confiança. Formam assim redes ou subculturas *gays*. Mas alguns deles as usam como cobertura para sua atividade sexual, crendo que a única responsabilidade para com a Igreja é uma certa discrição. As lideranças religiosas e diocesanas precisam distinguir entre o celibatário, homo ou heterossexual, que luta e às vezes falha buscando ser casto; e o sacerdote ou religioso que explora friamente o sacerdócio ou o instituto para seus propósitos destrutivos (COZZENS, 2001, p. 144-145).

Os escândalos de pedofilia e sua suposta associação com a homossexualidade

A Igreja Católica foi duramente afetada por escândalos de abuso sexual de menores cometido por sacerdotes. Estes vieram à tona com mais intensidade nas duas últimas décadas, em ondas de denúncia sem precedentes que tiveram ampla cobertura nos meios de comunicação. Em alguns países os efeitos foram bastante devastadores. Convém refletir sobre o que se pode aprender com esta tragédia, bem como evitar que se criem bodes expiatórios, equivocadamente responsabilizados e penalizados por aquele mal.

Não raramente os homossexuais são suspeitos de serem pedófilos, até porque o termo homossexual surgiu historicamente para substituir o pejorativo pederasta, que etimologicamente significa homem que tem relacionamento erótico com um menino.

Os casos denunciados ocorreram nos últimos setenta anos. Por mais antigos que fossem, deixaram feridas profundas e dolorosas na vida das vítimas. Nestes delitos, as autoridades da Igreja não comunicaram os casos de abuso ao poder civil. Muitas vezes preferiram acordo com as vítimas e seus familiares, mediante indenização, e a remoção dos padres acusados, que se diziam arrependidos e eram encaminhados a tratamento psicológico. Muitos destes padres, transferidos para outros locais, reincidiram inúmeras vezes até que tudo fosse denunciado com grande indignação e dor.

Pode-se ver aí um resíduo da cristandade, dos tempos do Estado confessional cristão. Resolvia-se o problema no âmbito interno da Igreja, que deve proceder como uma família. No máximo se recorria ao tribunal eclesiástico para julgar crimes cometidos por clérigos. Contudo, a questão não ultrapassava a fronteira eclesial. Este procedimento que perdurou até o final do século XX é, no fundo, uma recusa à Modernidade, à lei impessoal e igual para todos. Também concorreu para isto um parecer de psicólogos apresentado aos bispos norte-americanos em 1992. Acreditava-se que a pedofilia pudesse ter cura, e que se deveria dar chance aos sacerdotes envolvidos.

A partir do pontificado de Bento XVI, houve mudanças importantes na Igreja no enfrentamento destes delitos. Os procedimentos em caso de denúncia foram unificados e preveem o encaminhamento à Cúria Romana. A lei civil referente à denúncia de crime à autoridade competente sempre deve ser seguida. Durante a fase preliminar de denúncias e até que o caso esteja concluído, o bispo local pode impor medidas preventivas para proteger a comunidade e as vítimas, restringindo as atividades de qualquer padre em sua diocese. Bento XVI e Francisco se encontraram com as vítimas, pediram perdão a Deus e a elas pelas faltas cometidas, manifestando apreço por seus relatos e sensibilidade à sua dor. Vários bispos pediram renúncia por reconhecerem a própria omissão diante dos delitos cometidos por seus sacerdotes.

Francisco convocou todos os presidentes de conferências episcopais nacionais para um encontro no Vaticano, a fim de tratar da proteção de menores na Igreja Católica. Amplos relatórios, pesquisas e pareceres de especialistas serviram de subsídio. O papa reconhece que o abuso sexual de menores era tabu no passado, quando se sabia de sua existência mas ninguém falava. O que acontece na Igreja tem conexão com o que se passa na sociedade. Ainda hoje, as estatísticas disponíveis compiladas por várias organizações nacionais e internacionais (OMS, Unicef, Interpol, Europol e outros), não apresentam a verdadeira extensão do fenômeno, que é subestimado porque muitos casos de abusos sexuais de menores não são denunciados, sobretudo os numerosíssimos cometidos no interior da família. A isto se soma o flagelo do turismo sexual. Segundo dados da Organização Mundial de Turismo, em 2017, três milhões de pessoas no mundo viajaram para ter relações sexuais com menores. Tais abusos são sempre a consequência do abuso de poder, em que se explora a posição de inferioridade do abusado indefeso, e se manipula a sua consciência e a sua fragilidade psicológica e física.

No caso de sacerdotes, Francisco associa este mal ao clericalismo, uma anomalia no modo de se entender a autoridade na Igreja, comum em muitas comunidades onde ocorreram abusos sexuais, de poder e de consciência. O clericalismo, favorecido tanto por sacerdotes quanto por leigos, ajuda a perpetuar muitos dos males hoje denunciados. É preciso enfrentar decididamente o abuso de menores, dentro e fora da Igreja, anunciar o Evangelho aos pequeninos e protegê-los dos lobos vorazes. Nenhum abuso deve jamais ser encoberto. Tudo o que for feito para erradicar a "cultura do abuso" nas comunidades católicas, só resultará numa transformação saudável e realista com participação ativa de todos os membros da Igreja (FRANCISCO, 2018b; 2019a).

O clericalismo é um mal que o Papa Francisco denuncia com frequência e coragem. Uma face deste mal é justamente a presunção de impunidade por parte dos sacerdotes que abusam sexualmente de menores. O clericalismo não vem só do clero, mas também do laicato sempre que não reage à altura. Há casos de pais de crianças e jovens abusados que se recusaram a denunciar, ou até puniram duramente os seus filhos que o fizeram. Infelizmente existe uma cultura do abuso, que silencia não só diante da pedofilia cometida pelo clero, mas também diante da pedofilia cometida por pais de família ou parentes, e diante da violência feita a mulheres por seus maridos ou companheiros.

O escândalo de pedofilia trouxe ainda outros desdobramentos. Não poucos tentaram culpar a homossexualidade pelos abusos do clero, especialmente a cultura contemporânea que consideram permissiva. Outros tentaram culpar o celibato sacerdotal, que consideram negação alucinada da sexualidade e coisa de dar medo. Como foi dito, a maioria dos casos ocorre no interior da família, dentro de casa, e o responsável muitas vezes é o pai ou o padrasto da vítima. O autor do delito não é celibatário, e tem vida conjugal heterossexual. Quando estes casos são noticiados, o senso comum não culpa o casamento ou heterossexualidade pelo delito. Mas se o autor é celibatário, não raramente se culpa o celibato; e se é homossexual, a homossexualidade.

Convém frisar que os principais relatórios sobre o abuso sexual de menores pelo clero, feitos com amplo embasamento científico pelos governos norte-americano, alemão e australiano, não associam este delito à homossexualidade ou ao celibato. Estas associações se devem a certos tipos de preconceito: a homofobia e a celibatofobia. Criam-se bodes expiatórios a partir de razões equivocadas. A presença de homossexuais no clero, bem como o celibato sacerdotal, não devem ser temas-tabu, mas discuti-los no contexto do abuso sexual é um erro bastante prejudicial.

Pode-se dizer que a Igreja está aprendendo a duras penas a lidar com esta questão. Nos lugares onde mais apareceram casos de abuso e se tomaram as devidas medidas, houve uma drástica redução de novos casos. Oxalá a consciência dos erros cometidos nos escândalos possa conduzir, com a graça de Deus, a anunciar o Evangelho aos pequeninos e a protegê-los dos lobos vorazes.

Caminhos que surgem

Algo bastante relevante sobre o acesso de candidatos homossexuais ao sacerdócio é a existência, ainda que muito excepcional, de padres *gays* publicamente assumidos. Eles apresentam relatos sobre sua realidade que tiveram ampla divulgação e fazem refletir. Há dois exemplos importantes nos Estados Unidos: Fred Daley e Gregory Greiten.

Fred Daley é pároco em Syracuse, estado de Nova York. Quando começou a admitir para si mesmo sua atração por pessoas do mesmo sexo, viveu um grande tormento interior. Com a ajuda de conselhos e orientação espiritual, começou a se aceitar e no fim a se amar como homem *gay*. Em 2002, irrompeu o escândalo de abusos sexuais nos Estados Unidos, e várias lideranças da Igreja Católica começaram a culpar os padres gays pela crise. Daley se viu diante de um dilema: "eu sabia que isso não era verdade. Concluí que, se devia viver com integridade e pregar o Evangelho sem concessões desonrosas, eu precisava sair do armário publicamente". A decisão foi precedida de oração e fortalecida por consultas a seu orientador espiritual e a seu bispo auxiliar.

A revelação pública se deu na festa litúrgica da Anunciação. Daley se deu conta de que pessoas enfrentando conflitos pessoais o percebem como mais acessível, porque sabem que ele também teve conflitos pessoais. Qualquer ilusão de se estar em um pedestal clerical felizmente se desfez. E confirma o que disse o Padre Henri Nouwen: "nós tendemos a ser compassivos na medida em que sofremos a Paixão em nossas próprias vidas" (DALEY, 2018).

Gregory Greiten, por sua vez, é sacerdote em Milwaukee, estado de Wisconsin. Viveu um longo e sofrido processo até se aceitar como *gay*. Depois tornou pública a sua orientação sexual, contando também com a aprovação de seu bispo. Greiten critica duramente o silêncio que a Igreja acaba impondo a religiosos e padres *gays*, como se eles não existissem. Por isso não há modelos autênticos de padres saudáveis, equilibrados, *gays* e celibatários, que sejam exemplo para jovens e idosos em luta para aceitar sua orientação sexual. Isto apenas perpetua a vergonha tóxica e o segredo sistêmico.

Ele assume um compromisso:

> Não ficarei mais em silêncio; o preço a pagar é muito alto. Eu devo falar a verdade sobre mim. Eu vivi muitos anos acorrentado e preso no armário atrás de muros de vergonha, trauma e abuso por causa da homofobia

e da discriminação tão prevalecentes em minha Igreja e no mundo. Hoje, porém, traço um novo caminho de liberdade e integridade, sabendo que não há nada mais que alguém possa fazer para ferir ou destruir meu espírito. São os primeiros passos para aceitar e amar a pessoa que Deus me criou para ser (GREITEN, 2017).

Como sacerdote da Igreja Católica, Greiten pede perdão a seus irmãos e irmãs LGBT por ter permanecido calado diante de ações e omissões de sua comunidade de fé em relação aos LGBT católicos e não católicos. Compromete-se a não mais viver nas sombras do segredo, a ser autenticamente *gay* e a abraçar a pessoa que Deus o criou para ser. Na sua vida e ministério sacerdotal, assevera: "eu também ajudarei você, seja você *gay* ou hétero, bissexual ou transgênero, a ser seu autêntico eu – a estar plenamente vivo em sua imagem e semelhança divina. Ao projetar nossas imagens de Deus no mundo, nosso mundo será mais brilhante e um lugar mais tolerante". E recorda Santa Catarina de Sena, doutora da Igreja: "Seja quem Deus quer que você seja, e você incendiará o mundo" (GREITEN, 2017).

Em ambos os casos, não se trata da suposta maldição do tempo presente de tornar pública a própria orientação sexual, mas de razões que merecem ser consideradas. Há uma homofobia e uma transfobia na sociedade e na Igreja que precisam ser devidamente enfrentadas. Existem ainda muitos ambientes em que *gays* e lésbicas não se assumem publicamente. Na política, por exemplo, são raros os chefes de Estado que o fazem. No Brasil, até o momento presente não há presidentes da república, governadores de Estado ou prefeitos de capitais assumidamente homossexuais. No clero e na vida religiosa consagrada isto é quase impensável. Os padres Daley e Greiten traçam um caminho solitário e heroico. Situam-se numa fronteira de riscos, mas também de oportunidade para a construção de mundo melhor, onde as pessoas possam viver e respirar em seu próprio gênero e sexualidade, sem o risco da marginalização, da patologização e da violência.

Na alocução do papa aos bispos italianos, em que se conversou sobre os candidatos homossexuais ao sacerdócio, ele afirmou que a Igreja deve ser mãe e fez esta oração: "que Maria, nossa Mãe, nos ajude a fim de que a Igreja seja mãe" (FRANCISCO, 2018a). É preciso ajudar a Igreja nesta missão tão nobre e amorosa. Seus filhos têm um inegável potencial a ser oferecido, que jamais deve ser desperdiçado. Mas também podem ter feridas e exigir cuidados que não devem ser negligenciados. Só assim a missão materna da Igreja pode ter êxito.

O dom da vocação sacerdotal, concedido por Deus também no coração de alguns homens homossexuais, exige da Igreja maturidade e amplidão de horizontes para saber acolher e propor o devido caminho de formação. Só assim se pode conservar e desenvolver estas vocações para que produzam frutos maduros. O mesmo vale para mulheres e homens homossexuais na vida religiosa consagrada. Elas e eles também são como um diamante bruto a ser esculpido com habilidade, respeito pela consciência das pessoas e paciência, para que resplandeçam no meio do povo de Deus. Não se pode desprezar estes dons divinos, enterrando um tesouro, como faz o servo mau e preguiçoso da Parábola dos Talentos (Mt 25,14-30).

É preciso que no caminho de formação haja um ambiente de confiança onde todos possam, em paz, reconhecer e aceitar sua condição, sem equívoco, medo ou ódio de si mesmos. Que o façam em sua consciência diante de Deus, partilhando com seus orientadores espirituais e pessoas de sua confiança. E preciso que estudem, reflitam, orem e conversem sobre isto, para que possam prosseguir com a devida autoestima e determinação nos caminhos do Senhor. Que na Igreja não se percam talentos e nem se deixe de produzir frutos maduros.

5
Novas perspectivas, desafios teológicos e pastorais

Uniões homossexuais e o debate eclesial

Na preparação do Sínodo sobre a família, outras vozes eclesiais se manifestaram além de Roma, quando vieram a público algumas respostas aos questionários preparatórios. No tema da homossexualidade, as dioceses alemãs e suíças responderam criticamente. Com base nas ciências humanas e na medicina, os fiéis alemães afirmaram que a orientação sexual é uma disposição inalterável e não escolhida pelo indivíduo. Por isso, falar de "tendência homossexual" provocou irritação, e foi percebido como uma expressão discriminatória (CEA, 2015, n. 40). Na Suíça, a maior parte dos fiéis considera justo o desejo de pessoas homossexuais de terem relacionamentos e formarem uniões. A exigência de que vivam em abstinência sexual é rejeitada como injusta e desumana. É inaceitável que homossexuais sejam considerados apenas como destinatários de uma pastoral, vistos como pessoas doentes ou precisando de ajuda. Deseja-se que sejam tratados com respeito e que apreciem a sua participação na Igreja. O discurso sobre a impossibilidade de qualquer tipo de analogia entre o matrimônio (heterossexual) e a união homossexual não é aceito. Deseja-se que a Igreja reconheça, estime e abençoe as uniões homossexuais, ajudando os membros dessas uniões a viverem valores importantes que têm, sim, analogia com o matrimônio (CES, 2015, n. 40).

O teólogo Juan Masiá, jesuíta espanhol radicado na Japão e pesquisador de bioética, também tornou pública a sua resposta. Para ele, é necessário promover a acolhida de pessoas e de uniões homossexuais, bem como de famílias assim constituídas, na vida cotidiana e sacramental das comunidades eclesiais, sem discriminação. Deve-se reconhecer respeitosamente a legislação civil sobre as uniões homossexuais. É necessária uma revisão da hermenêutica bíblica, moral e teológica com relação à sexualidade à luz das ciências humanas, especialmente a sexualidade pluriforme e as exigências educativas para uma convivência inclusiva. Não se pode afirmar taxativamente como ensinamento da Igreja a impossibilidade de analogia, mesmo remota, entre uniões homossexuais e o desígnio de Deus sobre o matrimônio. Seria presunçoso possuir o conhecimento certo e definitivo desse suposto desígnio divino.

Masiá afirma que tanto a definição do Concílio Vaticano II de união esponsal como "comunidade íntima de vida e amor" (*GS*, 1965, n. 48), quanto a imagem bíblica de pessoas que saem de suas respectivas famílias e saem de si para fazer de duas uma, permanecendo juntas ao longo de um caminho de amor e vida (Gn 2,24), prestam-se à união esponsal homossexual. A abertura à vida não existe somente ao se gerar uma nova vida como casal formado por homem e mulher, mas também quando um casal homossexual recorre legal e responsavelmente à procriação assistida, à adoção de uma vida já nascida ou quando se dedica de diversas maneiras a contribuir como família à promoção social da vida. As possíveis objeções em determinado caso contra uma adoção, ou contra o uso de procriação medicamente assistida, devem ser as mesmas que em caso semelhante se façam a um casal heterossexual. A reflexão moral teológica acerca da sexualidade deve ser revista levando-se em conta que a orientação sexual não é uma escolha, nem se pode dizer que seu exercício seja moral ou imoral. Será moral ou imoral pelas mesmas razões da relação heterossexual.

Para ambas devem valer as mesmas perguntas éticas: se a relação é razoável, responsável, honesta consigo mesma e com a outra pessoa, se é amorosa, humanizadora e se ajuda ao justo crescimento pessoal (MASIÁ, 2015a).

É necessário desatar os nós do literalismo e do fundamentalismo que amarram a leitura bíblica, prossegue Masiá, e favorecer uma hermenêutica que possibilite uma interpretação crítica e cristã da Bíblia. É preciso desfazer os nós do preconceito que amarram o cuidado pastoral e o mandamento de amar, libertando assim a misericórdia, a compaixão e a ternura. Certas questões devem ser enfocadas mais como ética das relações do que como ética da sexualidade, como pluralidade de modelos de relação e de família, em vez de um pensamento único presumidamente conhecedor do desígnio divino. Devem ser enfocadas como ética de valores evangélicos em situação, em vez de normas abstratas desencarnadas (MASIÁ, 2015b).

Diante dos resultados do Sínodo sobre a família, incluindo a Exortação Pós-sinodal, os teólogos Todd Salzman e Michael Lawler dirigem-se aos que apoiam o casamento entre pessoas do mesmo sexo, como forma de se viver com dignidade, crendo que a negação desse direito é uma discriminação injusta. Ainda há esperança em *Amoris Laetitia* para a realização dessas aspirações. Essa esperança reside no tema da gradualidade que permeia o documento. Na medida em que cresce o número de fiéis católicos sentindo-se à vontade com o casamento homossexual, algo já mostrado pelas estatísticas mundiais, este se tornará gradativamente tão aceito quanto a comunhão em certas circunstâncias para pessoas divorciadas e recasadas, sem anulação da união precedente. O desafio para os *gays* e as lésbicas é demonstrarem que seus matrimônios são tão plenificadores, do ponto de vista humano e cristão, quanto os matrimônios entre heterossexuais. A doutrina católica sobre a autoridade e a inviolabilidade da consciência pessoal, reiterada por

Francisco, aplica-se naturalmente à decisão de *gays* e lésbicas católicos de se casarem tanto quanto se aplica a qualquer outra decisão moral (SALZMAN & LAWLER, 2016, p. 27-31). Se a força da família reside essencialmente na sua capacidade de amar e ensinar a amar (*AL*, n. 53), cabe a eles e a elas demonstrarem o quanto suas uniões cumprem esta função.

Com relação à pastoral, constatam-se diferentes práticas. Há décadas que na Holanda, segundo uma pesquisa da Universidade de Utrecht, oitenta por cento do clero católico celebra uniões entre pessoas do mesmo sexo, mesmo sem aprovação eclesiástica formal. E metade do clero celebra estas uniões dentro de templos católicos (CHRISTIANITY TODAY, 2001). A ampla aceitação da homossexualidade na sociedade holandesa, que inclui uma notável abertura pastoral da Igreja Católica em nível local nesta questão, contribui para isso. Na Alemanha, discute-se atualmente o assunto. O presidente da Conferência Episcopal Alemã, cardeal Reinhard Marx, afirma que parceiros homossexuais podem receber a bênção "no sentido de um acompanhamento pastoral" na Igreja Católica. Mas nenhum relacionamento do tipo casamento pode ser abençoado. É algo semelhante ao que defendem os bispos suíços, como foi visto.

Há também uma posição intermediária defendida por Juan Masiá, com base nas sugestões enviadas por católicos japoneses ao Sínodo dos Bispos sobre a Família. Enquanto a Igreja-instituição não dá passos para mudar ou abolir determinações canônicas, as Igrejas-comunidades-de-fé poderiam e deveriam dar passos eficazes e positivos na acolhida das pessoas. Pode servir de exemplo a prática da Igreja Católica no Japão, aprovada por Roma, de celebrar no templo católico uma cerimônia religiosa para a união de pessoas não batizadas e não crentes. Isto já é feito lá há muitas décadas. Na expressão popular de lá, dizem "casam-se na Igreja, mas não pela Igreja", para se referir à celebração religiosa sem validade canônica.

Celebra-se com um rito católico a união de pessoas que contraíram o matrimônio civilmente. Isto poderia servir também para católicos divorciados recasados e para casais não heterossexuais.

Para Masiá, os que insistem com razão em fazer todo o possível para defender, proteger e promover a instituição matrimonial e a família, podem se tranquilizar. Isto porque uma união do mesmo sexo não ameaça, mas apoia a instituição matrimonial ao insistir na formalização social do vínculo, em vez de reduzi-lo ao âmbito privado de uma convivência de fato com estabilidade incerta. Há indicações de que uma cultura da provisoriedade aumenta o divórcio, assim como a falta de interesse por formalizar civilmente as uniões. Precisamente por isso, é significativo o interesse, o desejo e a demanda de casais LGBT por reconhecimento social, jurídico e cultural de sua união matrimonial, que poderia e deveria ser também reconhecimento religioso (MASIÁ, 2015c).

A bem da verdade, a união homossexual não concorre com a união heterossexual. Em uma união heterossexual, mesmo que celebrada com o rito do matrimônio, se um dos cônjuges é homossexual, não se dá a complementaridade entre homem e mulher. O sacramento do matrimônio nestas circunstâncias é inválido, conforme o direito eclesiástico (CDC, 1983, Cân. 1095, n. 3). Infelizmente, devido à homofobia ainda presente em certos meios sociais, muitos *gays* e lésbicas se veem pressionados a contraírem uniões heterossexuais. É a maneira que encontram para fugir do preconceito. Isto que tem acontecido por séculos traz muito sofrimento às pessoas envolvidas. É necessário pôr fim a tal situação. Os fiéis precisam saber disto. A união heterossexual não é solução para a pessoa homossexual.

Aliás, no relato bíblico da criação, há um aspecto muito importante no que diz respeito à complementaridade entre homem e mulher. O Senhor, ao criar o ser humano e não querer que ele ficasse só, fez também uma auxiliar que lhe correspondia e a apresentou ao homem. E o homem exclamou: "*É osso dos meus ossos e carne da minha carne!* Ela será chamada 'humana' (mulher) porque do homem foi tirada" (Gn 2,23). É o homem que reconhece e aprecia a auxiliar que lhe corresponde e a nomeia. Não é o Senhor que a impõe ao homem. A partir deste reconhecimento e apreço, tem início a primeira união conjugal. Ora, o reconhecimento do ser humano sobre a sua complementaridade é fundamental para a união conjugal. Daí vem o livre consentimento dos cônjuges sem o qual a sua união é inválida. Isto é tão importante no início da criação quanto hoje.

Gênero e orientação sexual em debate

A realidade de pessoas LGBT+, seus conflitos e sofrimentos muitas vezes está ausente nos pronunciamentos oficiais da Igreja Católica. No contexto latino-americano, por exemplo, o Documento de Aparecida ao tratar de pobres, de excluídos e dos que sofrem, faz uma ampla lista: migrantes, vítimas da violência, refugiados, vítimas de sequestro e tráfico de pessoas, desaparecidos, portadores de HIV, vítimas de enfermidades endêmicas, toxicodependentes, idosos, meninos e meninas vítimas da prostituição, pornografia, violência ou trabalho infantil, mulheres maltratadas, vítimas de exclusão e exploração sexual, pessoas com deficiência, grandes grupos de desempregados, excluídos pelo analfabetismo tecnológico, moradores de rua em grandes cidades, indígenas, afro-americanos, agricultores sem terra e mineiros (CELAM, 2007, n. 402). Infelizmente, os LGBT+ ficaram fora. Em muitos ambientes eclesiais, é muito incômodo falar deles. Não raramente, o sofrimento desta população é ignorado ou silenciado.

Outras vezes o tema aparece no âmbito da controvérsia rasa e do repúdio, quando se quer combater a suposta ideologia de gênero. Há publicações no meio católico, com grande difusão, que até caricaturam questões de gênero e de orientação sexual. É o caso do material didático em várias línguas distribuído na Jornada Mundial da Juventude, em 2013, no Rio de Janeiro. Este traz o desenho de um homem sentado interrogando-se: "que gênero eu vou escolher para este ano"? Em outra página, o desenho de um garoto nu olhando para o próprio pênis, perguntando-se: "não sou homem? Eu? Então... o que é isto" (CNPF, 2013, p. 68 e 71)? Ora, ninguém escolhe ser *gay*, lésbica ou trans como escolhe para onde viajar nas férias. Nenhum transgênero, quando garoto ou garota, estranhou sua própria anatomia simplesmente por ouvir uma asneira vinda de terceiros. Isto é tripudiar sobre o drama vivido por tantas pessoas. Tais caricaturas são injustas e cruéis. São exemplos de *bullying* homofóbico e transfóbico, combatidos hoje até por manuais católicos sensatos.

Há também publicações de instituições católicas bem representativas que citam a obra de Judith Butler como principal fonte da ideologia de gênero, por propor uma "construção variável da identidade". Uma de afirmações mais contestadas desta autora é a de que não há identidade de gênero por trás das expressões do gênero, que tal identidade é performativamente constituída através das expressões tidas como seus resultados. Neste ponto, ela se baseia na suposição de Nietzsche de que não há ser por trás do fazer, do realizar e do tornar-se. O fazedor é uma mera ficção acrescentada à obra. Esta é tudo. Para ela, gênero é um conceito antissubstancialista com o qual se pretende derrotar a metafísica da identidade (CNBB, 2019, p. 17-18). De fato, na obra dela há uma perspectiva antimetafísica. Mas ao vincularem Butler à ideologia de gênero, também recai sobre ela as seguintes acusações feitas a esta ideologia: de querer negar o corpo como legítima expressão da identidade do indivíduo, como capaz de exprimir tal identidade de modo adequado, de querer eliminar todas as diferenças e todas as estruturas sociais, e de querer demolir o fundamento primário da sociedade constituído pela família (CNBB, 2019, p. 27 e 32).

O seu livro *Problemas de gênero* (2008) recebeu fortes críticas, como a suposta negação da diferença natural entre os sexos. Suas palestras no Brasil foram alvos de protestos públicos hostis. Diante das críticas recebidas, Butler explicitou suas próprias motivações. Ela reconhece a complexidade do gênero, envolvendo natureza, cultura e indivíduo, mas sem posições taxativas irreconciliáveis com a antropologia de inspiração cristã:

> Há entre o homem e a mulher diferenças hormonais, fisiológicas, nos cromossomos. Mas embora trabalhemos com pensamento binário há variações, um continuum entre um e outro. Pesquisas revelam que biologia não é determinação, que o gênero resulta de uma combinação única, em cada um de nós, de fatores biológicos, sexuais, de função social, do autoentendimento, da representação de gênero. Descobriu-se que os hormônios são interativos e há várias maneiras em que podem ser ativados. Inclusive o desenvolvimento dos neurônios está ligado ao ambiente. O que acontece depende em parte da vida que se vive (BUTLER. In: CASTILHO, 2015).

O pensamento de Butler tampouco rejeita elementos inatos que impregnam a realidade de gênero nas pessoas e na percepção de si, mas é muito cuidadoso em captar a especificidade dos que por algum motivo não se enquadram no modelo binário:

> Pode-se debater quais aspectos do gênero são inatos ou adquiridos, mas é mais importante reconhecer o efeito involuntário da designação de gênero e a resistência profundamente consolidada [de alguns] a tal designação. [...] Eu aceito que algumas pessoas tenham um sentimento profundo de seu gênero e que isso deva ser respeitado. Eu não sei explicar esse sentimento profundo, mas ele existe para muitos. Pode ser uma limitação para minha análise eu pessoalmente não ter esse senti-

mento profundo de gênero. Pode ser que essa ausência seja o que motivou minha teoria (BUTLER, 2015).

Ela não deslegitima pessoas cisgênero e heterossexuais, mas urge que as demais não sejam deslegitimadas ou hostilizadas.

Algumas pessoas vivem em paz com o gênero que lhes foi atribuído, mas outras sofrem quando são obrigadas a se conformar com normas sociais que anulam o senso mais profundo de quem são e quem desejam ser. Para essas pessoas é uma necessidade urgente criar as condições para uma vida possível de viver. [...] Algo que a preocupa é a frequência com que pessoas que não se enquadram nas normas de gênero e nas expectativas heterossexuais são assediadas, agredidas e assassinadas.

[...] O livro negou a existência de uma diferença natural entre os sexos? De maneira nenhuma, embora destaque a existência de paradigmas científicos divergentes para determinar as diferenças entre os sexos e observe que alguns corpos possuem atributos mistos que dificultam sua classificação. Também afirmei que a sexualidade humana assume formas diferentes e que não devemos presumir que o fato de sabermos o gênero de uma pessoa nos dá qualquer pista sobre sua orientação sexual (BUTLER, 2017).

A autora segue no propósito de encontrar um melhor vocabulário para maneiras de viver o gênero e a sexualidade que não se encaixe tão facilmente na norma binária. Busca a palavra em que a complexidade existente possa ser reconhecida, onde o medo da marginalização, da patologização e da violência seja radicalmente eliminado. E vislumbra algo mais importante do que produzir novas formulações de gênero, que é construir um mundo em que as pessoas possam viver e respirar dentro de sua própria sexualidade e de seu próprio gênero (BUTLER, 2009). O seu pensamento está em construção. Em certo momento recorreu a Nietzsche e a uma perspectiva antimetafísica, mas isto não é tudo. Não raramente, trechos de Butler são citados de modo a se fazer um recorte reducionista de sua obra.

Identificar simplesmente esta autora com ideologia de gênero é desqualificá-la indevidamente, pois ideologia é uma ideia que toma conta do pensamento das pessoas de maneira acrítica. Isto é pânico moral. Tal pânico se caracteriza por uma reação coletiva desproporcional de medo diante de demandas por mudança social, diante de uma suposta ameaça percebida como algo que põe em risco um componente crucial da sociedade, que é a própria ordem social. Ao contrário disso, é necessário discernir os elementos dos atuais estudos de gênero e orientação sexual que contribuem para o avanço destas questões no campo teológico e pastoral. O bom missionário reconhece a obra do Espírito Santo no coração dos seres humano e das culturas, mesmo em civilizações e religiões não cristãs. Sabe que Ele se manifesta na Igreja e em seus membros, mas também que Sua presença e ação são universais, sem limites de espaço e de tempo. O Espírito cuida e faz germinar "as sementes do Verbo presentes nas iniciativas religiosas e nos esforços humanos à procura da verdade, do bem e de Deus" (JOÃO PAULO II, 1990, n. 28). O mesmo vale para os estudos de gênero e para a busca do bem da população LGBT+.

No horizonte teológico cristão, há também reflexões que contemplam as perspectivas contemporâneas. Giannino Piana propõe não renunciar à diferença entre homem e mulher e à sua fundamental importância, que tem raiz no sexo anatômico e constitui o arquétipo do qual se origina a humanidade. Que se evidenciem os processos sociais e culturais sem prescindir inteiramente do componente biológico, da estrutura genética e neuronal do sujeito humano. Que se considere o papel da cultura e das estruturas sociais, reconhecendo o mérito dos estudos de gênero em captar a relevância das vivências pessoais na definição da identidade de gênero. Isso contribui para a superação de preconceitos causadores de graves discriminações, que levaram e ainda levam à marginalização dos LGBT+.

A posição da Igreja Católica, segundo Piana, tem se caracterizado por uma defesa radical do dado biológico, inserindo-o na ordem da criação. Não raramente a Igreja considerou a crítica a este dado como um atentado à soberania divina. Não se pode negar nesta posição um aspecto de verdade: o compromisso em defender a base do humano, que ficaria gravemente comprometido pela total desconstrução da identidade biológica. Mas isto não deve levar à recusa da reflexão sobre a natureza humana e sobre a lei natural, que por muito tempo assumiu conotações rigidamente físico-biológicas. A história do pensamento cristão traz valiosas contribuições.

Tomás de Aquino, teólogo escolástico, afirma com clareza que os conceitos de natureza e de lei natural só são aplicados ao ser humano analogicamente. Este tem uma dupla natureza: enquanto animal, que é comum aos outros animais; e enquanto homem, que é própria do homem, na medida em que segundo a razão distingue o torpe do honesto. Tal natureza é *natura ut ratio* (natureza como razão), sendo a razão o dado qualificante (AQUINO, livro V, lição 12, n. 1019). Hoje se diria a cultura. Isto introduz a possibilidade de intervenção sobre dinâmicas naturais. Assim se superou uma visão do pensamento patrístico, herdada do dualismo platônico e do naturalismo estoico, que havia introduzido na moral cristã uma posição absolutista e estática. A escolástica introduziu a atenção ao fator cultural, ao aspecto dinâmico e evolutivo.

Os estudos de gênero, conclui Piana, são uma significativa provocação a tomar consciência da riqueza do humano, a pensar a identidade partindo de uma maior consciência de si e da própria liberdade, considerando a importância de decisões subjetivas e de estilos de vida pessoais. Isto evita formas de achatamento da realidade em torno de paradigmas universalistas, que não respeitam as diversidades individuais. A ética, incluindo a sua vertente de inspiração cristã, deve estar atenta a esta nova interpretação do mundo humano e fundamentar suas orientações em bases mais amplas, levando em conta as complexas dinâmicas que presidem a construção dos comportamentos, ligadas a processos estruturais e culturais da sociedade em que se está imerso (PIANA, 2014).

O enfrentamento da violência e da discriminação dos LGBT levou o Estado a adotar medidas importantes. Estas medidas inevitavelmente incidem no debate sobre gênero e orientação sexual. No Brasil, o governo federal determinou que nos boletins de ocorrência, emitidos pelas autoridades policiais, se incluam os itens "orientação sexual", "identidade de gênero" e "nome social". E se considera nome social aquele pelo qual travestis e transexuais se identificam e são identificados pela sociedade. A razão apresentada é a necessidade de dar visibilidade aos crimes violentos contra a população LGBT (Resolução, 2014), e assim favorecer ações e políticas públicas para enfrentá-los.

O Ministério da Educação (MEC) estabeleceu que, na elaboração e implementação de propostas curriculares e projetos pedagógicos, os sistemas de ensino e as escolas de educação básica devem assegurar diretrizes e práticas com o objetivo de "combater quaisquer formas de discriminação em função de orientação sexual e identidade de gênero" de estudantes, professores, gestores, funcionários e respectivos familiares. O objetivo é impedir a evasão escolar, decorrente dos casos de discriminação, assédio e violência nas escolas, pois esta evasão constitui grave atentado contra o direito à educação (MEC, 2018). A isto se soma a decisão do Supremo Tribunal Federal (STF) de criminalizar as condutas homofóbicas e transfóbicas, que envolvem aversão odiosa à orientação sexual ou à identidade de gênero de alguém, enquadrando-as na Lei de Racismo (STF, 2019).

Quando se propôs na ONU o fim da discriminação por identidade de gênero e orientação sexual, conforme foi visto (cap. 3), a Santa Sé se manifestou contra. Evocando a sã laicidade do Estado, alegou que isso poderia tornar-se um instrumento de pressão contra os que consideram o comportamento homossexual moralmente inaceitável, não reconhecem a união homossexual como família, nem a sua equiparação à união heterossexual, nem o seu direito à adoção e à reprodução assistida.

Quanto ao alcance e as implicações desta legislação sobre orientação sexual e identidade de gênero, cabe perguntar: é pertinente a acusação de ideologia de gênero? A Resolução sobre os boletins de ocorrência quer dar visibilidade a certos crimes para melhor enfrentá-los. A Resolução do MEC tem por objetivo evitar o *bulliyng* e a evasão escolar. A Decisão do STF esclarece na própria sentença que "não alcança nem restringe ou limita o exercício da liberdade religiosa". A fiéis e ministros é assegurado o direito de pregar e de divulgar, bem como o de ensinar segundo sua orientação doutrinária ou teológica, "desde que tais manifestações não configurem discurso de ódio, assim entendidas aquelas exteriorizações que incitem a discriminação, a hostilidade ou a violência contra pessoas em razão de sua orientação sexual ou de sua identidade de gênero" (STF, 2019). Portanto, no horizonte da sã laicidade do Estado, tal legislação não é um instrumento de pressão contra o direito de Igrejas ou confissões religiosas ensinarem pacificamente sobre sexualidade, matrimônio e família, mas é uma maneira de defender pessoas vulneráveis que não raramente são humilhadas, hostilizadas e até massacradas. Não cabe aqui então a acusação de ideologia de gênero.

Para ampliar a reflexão, convém questionar se o alerta do Sínodo sobre esta ideologia, endossado pelo Papa Francisco (*AL*, n. 56), aplica-se ou não à cidadania LGBT+ e aos estudos de gênero expostos acima. Em primeiro lugar, a diferença e a reciprocidade natural entre homem e mulher não vale para pessoas homossexuais. Incentivar ou constranger *gays* e lésbicas a contraírem união com pessoa de outro sexo, não realiza o sacramento do matrimônio, mas sim uniões nulas. Em segundo lugar, a identidade pessoal e a intimidade afetiva de LGBT+ em seus relacionamentos, não está radicalmente desvinculada da diversidade biológica entre homem e mulher, mas profundamente vinculada a esta diversidade que é muito mais complexa. Biologicamente, não há somente pessoas cisgênero e heterossexuais, mas também transgênero, homo e bissexuais, embora esta realidade não seja apenas biológica. Em terceiro lugar, reconhecer-se LGBT+ nunca é uma opção, e muito menos individualista; mas a verdade que se impõe na vida de tantas pessoas, muitas vezes contrariando duramente o que elas mesmas e seus familiares desejariam. Em quarto lugar, não se trata de separar sexo biológico (*sex*) e função sociocultural do sexo (*gender*), mas de considerar também o papel do cérebro na biologia do sexo, sem reduzi-lo simplesmente à anatomia e à genitália.

Cristianismo adulto e perspectivas para ampliar horizontes

Aos que creem em Deus criador e em sua razão criadora, o mundo pode ser apresentado como o livro da natureza uno e indivisível, como diz Bento XVI, em que nada está fora desta razão (cf. cap. 1). Se por analogia ao livro da Revelação (a Bíblia), o mundo se assemelha a um livro a ser lido e compreendido, pode-se explorar esta metáfora. A Bíblia contém dezenas de livros, emprega mais de um idioma e utiliza vários gêneros literários. Ela foi escrita por dezenas de autores diferentes ao longo de um milênio. Os estudos bíblicos no decorrer dos séculos são muito vastos e intermináveis. O livro da natureza, por sua vez, também tem sua multiplicidade e complexidade, seus idiomas e gêneros literários. A sua leitura e interpretação ainda estão em processo. As questões de gênero e de orientação sexual fazem parte desta multiplicidade e complexidade.

A correta leitura da linguagem da criação exige os cuidados indicados a respeito da lei natural. É preciso evitar a submissão resignada a leis físicas e biológicas da natureza, sem considerar a liberdade humana, a cultura e sua evolução. É preciso evitar a heteronomia insuportável, com dados que se impõe de fora sobre a consciência do sujeito, independente da própria razão e da subjetividade. É preciso evitar também a naturalização indevida de posições antropológicas, que se mostram históricas e condicionadas, como a escravidão e a proibição dos juros (CTI, 2009, n. 10). Uma vez que se reconhece o enraizamento histórico da moral, rejeitando-se uma moral fixista, convém reconsiderar alguns julgamentos sobre os estudos de gênero e a abrir caminho para outras reflexões. Este caminho é incentivado pelos desafios lançados por Francisco de ir às periferias existenciais, questionar estruturas eclesiais caducas, reler o Evangelho à luz da cultura contemporânea, assumir os conflitos e curar as feridas.

Como ele bem observou, Jesus não Se apresentava como um inimigo das coisas prazerosas da vida, e estava longe das filosofias que desprezavam o corpo, a matéria e as realidades deste mundo. No entanto, estes dualismos tiveram notável influência em alguns pensadores cristãos ao longo da história, a ponto de desfigurarem o Evangelho (*LS*, n. 98). Tal desprezo, aliado a certa inimizade ao prazer, alimentou uma moral fortemente proibitiva. Bento XVI reconheceu este proibitismo. Ele afirmou que o cristianismo não é um conjunto de proibições, mas sim uma opção positiva. E acrescentou que é muito importante evidenciar isso novamente, porque essa consciência hoje quase desapareceu completamente (BENTO XVI, 2006b). É muito bom que um papa tenha reconhecido isto, pois há no cristianismo uma tradição multissecular de insistência na proibição, no pecado, na culpa, na condenação e no medo. A historiografia fala de uma "pastoral do medo", que com veemência culpabiliza as pessoas e as ameaça de condenação eterna para obter a sua conversão (DELUMEAU, 2003, vol. II).

Isto não se restringe ao passado. Também hoje, em diversas Igrejas e ambientes cristãos, muitos interpretam a doutrina de maneira extremamente restritiva e condenatória, com obsessão pelo pecado, sobretudo a respeito de sexo. As proibições ligadas à mensagem cristã frequentemente repercutem, dentro e fora da Igreja, mais do que o seu conteúdo positivo. Há um foco excessivo na proibição. É fundamental buscar na mensagem cristã o seu componente positivo, incluindo o âmbito da sexualidade, para que esta mensagem seja Boa Nova (Evangelho). Só assim se pode viver a liberdade dos filhos de Deus, experimentando o jugo leve e o fardo suave oferecidos por Jesus.

Os tempos atuais são de mudanças aceleradas na sociedade, que por sua vez estão ligadas a mudanças de paradigma. Em alguns temas, não poucos fiéis enfrentam desacordo entre sua consciência e a posição da Igreja. O teólogo Karl Rahner desenvolveu um conceito que pode ajudar neste impasse: o de "cristão adulto" (RAHNER, 1982, p. 33-43). Esta expressão já existia e circulava amplamente. Corresponde a uma tarefa autêntica dos cristãos e pode significar, ao mesmo tempo, uma ameaça à eclesialidade. A situação em que se vive hoje, e frente a qual se deve ser adulto, tem peculiaridades. Diferentemente de tempos passados, agora é mais difícil formular em normas claras e gerais o que se deve fazer. Naturalmente continua a haver normas na vida moral e social que se devem respeitar, mas aumentou muito o campo e o sentido do que não se pode regular de maneira unívoca por meio de normas gerais. Cresceu o âmbito do que não se pode determinar claramente só com estas normas, seja na sociedade, na política, na vida cultural e na configuração da vida pessoal.

Maioridade é coragem e determinação para tomar decisões responsáveis que não podem se legitimar a partir de normas gerais e amplamente conhecidas. À maioridade, pertence o que no âmbito religioso se chama sabedoria, discernimento, instinto moral sobrenatural e docilidade ao Espírito Santo. Isto por sua vez supõe abertura de espírito, libertação de todo fanatismo, disponibilidade para aprender, domínio da própria agressividade e paciência.

Teologicamente, um cristão atual formado e lúcido se encontra sempre na situação de ter que refletir sobre a mensagem e a fé da Igreja, relacionando-as com tudo o que sabe e experimenta. Naturalmente, sempre que a Igreja proclama de maneira adequada a sua mensagem, ajudará o fiel na tarefa de conseguir a necessária síntese entre a fé e o saber moderno. Mas na hora de realizar esta síntese em sua consciência, o cristão em concreto se depara com muitos problemas aos quais precisa dar uma solução pessoal. Terá que distinguir entre uma maior ou uma menor obrigatoriedade no ensinamento da Igreja e da tradição teológica. Não pode e nem deve rejeitar toda a fé da Igreja, incluindo seus ensinamentos definitivamente vinculantes, mesmo se for, por exemplo, um paleontólogo em 1910 plenamente convencido da conexão biológica entre o homem e o reino animal. Naquela época, esta doutrina era rechaçada pelo Magistério eclesiástico, ainda que não de forma definitivamente vinculante.

O fiel deve ter um certo conhecimento da "hierarquia de verdades da fé", mencionada anteriormente (cap. 3). Ele deve saber quais são as convicções de sua fé realmente fundamentais, centrais e existencialmente significativas, a fim de nelas se aprofundar sempre mais; e não negar os ensinamentos secundários, mas situá-los no lugar que lhes corresponde, inclusive, se for o caso, na desconsideração de fato. Pode-se manter simultaneamente um conhecimento científico-profano e uma doutrina de fé sem se perceber a sua compatibilidade positiva. Não se deve afirmar, de forma precipitada e arrogante, que esta ou aquela doutrina de fé contradizem claramente determinado conhecimento da ciência moderna, e que por isso devem ser rejeitadas. A paciência para manter esta trégua e aguardar uma paz com sinal positivo, é algo que pertence hoje à maturidade da fé de cristãos formados.

Os conflitos da maioridade também se dão no campo do matrimônio e do direito eclesiástico. Se alguém sabe, diante de Deus e de sua própria consciência examinada com honradez, que seu matrimônio é inválido também segundo a doutrina geral da Igreja, mas não pode demonstrá-lo diante do foro eclesiástico e não obtém autorização para contrair um novo matrimônio; este alguém então pode se casar novamente apenas no civil e está justificado também diante de Deus.

A maioridade é algo muito diferente de arbitrariedade ou capricho subjetivo. Tal como deve ser realmente, ela torna o ser humano em certo sentido solitário, sem o respaldo institucional desejado. Ele deve decidir por si mesmo, sem que se lhe diga de antemão o que é necessário fazer. Quando estiver assim entregue a si mesmo, não está realmente abandonado, mas situado diante de Deus com o veredito na solidão de sua consciência. Tem que orar, buscar as luzes e os sinais divinos. Deve ter a coragem de assumir esta sua responsabilidade adulta. A maioridade, conclui Rahner, é uma carga de responsabilidade. É uma tarefa elevada no processo de amadurecimento do cristão e parte da libertação de sua liberdade rumo à plenitude, que é graça de Deus.

O exemplo do paleontólogo em 1910, convencido da conexão biológica entre o homem e o reino animal, está relacionado ao ensinamento da Igreja no tempo do Papa Pio X, quando não se podia excluir o sentido histórico literal dos três primeiros capítulos do Livro do Gênesis (DENZIGER, H. & HÜNERMANN, 2007, n. 3.512-3.514). Aí se encontra o relato da criação de plantas, animais e do próprio homem, de maneira distinta e acabada, excluindo qualquer evolução das espécies. O paleontólogo neste caso não deve rejeitar toda a fé e todos os ensinamentos da Igreja, mas discernir na "hierarquia de verdades" o que é essencial, o que é relevante e o que não é. Nunca se deve colocar as coisas em termos de tudo ou nada.

Esse dilema do paleontólogo não é o único. No século XIX, os papas se opuseram publicamente: à independência da América, à perda dos domínios dos Estados Pontifícios na Itália, às liberdades de consciência e de imprensa; à separação entre Igreja e Estado e à liberdade religiosa. No início do século XX, o Papa Pio X defendeu que, segundo a ordem estabelecida por Deus, deve haver na sociedade príncipes e vassalos, nobres e plebeus, e sábios e ignorantes (PIO X, 1903, n. III). Os que discordaram destas e de outras posições viveram fortes conflitos. Houve inclusive punições e excomunhões. Muitos saíram da Igreja voluntariamente ou constrangidos. Discordar retamente e nela permanecer é uma tarefa espiritual e humanamente árdua.

Algumas décadas depois de Karl Rahner publicar seu artigo sobre o cristão adulto, Roma lançou um documento sobre o senso da fé dos fiéis, de autoria da Comissão Teológica Internacional, subordinada à Congregação para a Doutrina da Fé. Este documento em grandes linhas confirma as intuições de Rahner. Com base nas Escrituras e na Tradição da Igreja, na unção que vem de Cristo e tudo ensina (1 Jo 2,20.27), afirma-se que os fiéis têm um instinto para a verdade do Evangelho, intrinsecamente ligado ao dom da fé. Há uma conaturalidade que a virtude da fé estabelece entre o sujeito crente e o objeto autêntico da fé, um conhecimento por empatia ou através do coração. Como o próprio nome indica (*sensos* no original), é bastante semelhante a uma reação natural, imediata e espontânea, comparável a um instinto vital ou a uma espécie de faro, pelo qual o crente adere espontaneamente ao que está conforme a verdade da fé e evita o que se opõe (CTI, 2014, n. 1-2.50.54).

O senso da fé dos fiéis também permite ao fiel distinguir na pregação entre o que é essencial à fé católica e o que é meramente acidental, ou até mesmo indiferente em relação ao coração de fé. Graças a este senso e apoiado na prudência dada pelo Espírito, o fiel é capaz de perceber, em contextos históricos e culturais novos, quais podem ser os meios mais apropriados para dar testemunho autêntico da verdade de Jesus Cristo, e n'Ele conformar suas ações. Tal senso oferece intuições que possibilitam abrir caminhos seguros em meio às incertezas e ambiguidades da história, bem como uma capacidade de examinar com atenção e discernimento o que a cultura humana e o progresso da ciência têm a dizer. Este senso guia a vida de fé e a ação cristã autêntica. Em meio a estas incertezas e ambiguidades, pode ser necessário bastante tempo para que este processo de discernimento chegue a uma conclusão. Diante de novas circunstâncias, os fiéis leigos, os teólogos e os pastores têm cada qual o seu papel a desempenhar. É preciso dar prova de paciência e respeito nas suas relações mútuas, para se chegar a um esclarecimento do senso da fé e realizar um verdadeiro consenso dos fiéis, um acordo entre pastores e fiéis (CTI, 2014, n. 64-65, 70-71).

O que é menos conhecido, como afirma este documento romano, é o papel exercido pelos leigos em relação ao desenvolvimento do ensinamento moral da Igreja. É importante refletir sobre a função exercida por eles para discernir qual é a concepção cristã de um comportamento humano adequado, de acordo com o Evangelho. Em algumas áreas, o ensinamento da Igreja se desenvolveu como resultado da descoberta das exigências requeridas diante de novas situações feitas pelos fiéis leigos. A reflexão dos teólogos e depois o julgamento do magistério dos bispos foram baseadas na experiência cristã, já iluminada pelas intuições destes fiéis.

Alguns exemplos ilustram este papel do senso dos fiéis no desenvolvimento da doutrina moral. O primeiro é a proibição de clérigos e leigos receberem juros por empréstimo. Esta proibição começou no Concílio de Elvira, realizado por volta do ano 306, e vigorou por mais de mil e quinhentos anos: até 1830. Houve claramente um desenvolvimento na doutrina, que se deve ao surgimento de uma nova sensibilidade entre os leigos envolvidos em negócios, bem como a uma nova reflexão dos teólogos sobre a natureza do dinheiro. O segundo exemplo é a abertura da Igreja aos problemas sociais, manifesta especialmente na Encíclica *Rerum Novarum* (1891) do Papa Leão XIII, que foi o resultado de uma lenta preparação na qual leigos católicos, homens de ação e de pensamento, desempenharam um papel principal como "pioneiros sociais". O terceiro exemplo é a mudança da posição da Igreja sobre a liberdade religiosa, que é condenada junto com as teses liberais no *Sílabo dos erros* (1864) do Papa Pio IX (1864); e depois aceita na *Declaração sobre a liberdade religiosa* (1965) do Concílio Vaticano II. Esta evolução, reconhece a Comissão Teológica Internacional, não teria sido possível sem o empenho de muitos cristãos na luta pelos direitos humanos (CTI, 2014, n. 73).

Aí estão inúmeros cristãos adultos agindo segundo sua consciência diante de Deus, sem ter respaldo eclesial, mas contribuindo decisivamente para o bem da sociedade e da Igreja. Em seus corações age o Espírito Santo. Nestes caminhos age a Providência divina.

Na recepção do ensinamento do Magistério pelos fiéis, há ocasiões em que surgem dificuldades e resistências. Em tais situações, exorta o documento romano, é necessário que ambos os lados ajam de forma adequada. Os fiéis devem refletir sobre o ensinamento que lhe foi dado, fazendo o melhor que podem para compreender e aceitar. Resistir por princípio ao ensinamento do Magistério é incompatível com um autêntico senso da fé. O Magistério, por sua vez, deve refletir sobre o ensinamento transmitido e examinar se não há necessidade de esclarecer ou reformular, a fim de comunicar mais eficazmente a sua mensagem essencial. Estes esforços mútuos em tempos de dificuldade expressam a comunhão, essencial para a vida da Igreja, assim como a aspiração para receber a graça do Espírito que guia a Igreja "à verdade plena" (Jo 16,13). Em alguns casos, a falta de recepção pode ser sinal de que algumas decisões foram tomadas pelas autoridades sem ter levado em conta a experiência e o senso da fé dos fiéis, ou sem que o Magistério tivesse consultado suficientemente os fiéis (CTI, 2014, n. 80.123).

Tudo isso ajuda a lidar com mudanças na sociedade, com evolução na doutrina da Igreja e com conflitos entre consciência pessoal e instituição. A luta de muitos cristãos pelos direitos humanos foi fundamental para se chegar a um concílio ecumênico proclamando a liberdade religiosa. A luta pelos direitos humanos e pela cidadania da população LGBT+ também deve envolver os cristãos, para que haja na Igreja o devido acolhimento e estima por esta população.

Os estudos *queer* também abrem caminho na teologia. A interpretação bíblica tem sido uma das questões centrais nas posições excludentes de várias Igrejas, bem como no senso comum em relação à homossexualidade. Por muito tempo serviu para afastar, e ainda afasta, a comunidade *gay* do contato e do estudo da Bíblia, bem como do convívio em suas comunidades religiosas. Isto está tão enraizado, tem uma história tão longa e robusta que o autor Rembert Truluck sugere "passos para se recuperar do abuso bíblico", conforme o título de seu livro (TRULUCK, 2000, p. vii-ix. In: MUSSKOPF, 2004, p. 190-191). Trata-se de ações para que pessoas homossexuais possam se aproximar da Bíblia, tornando-a instrumento de libertação e fonte de saber, em vista de uma vivência espiritual saudável e norteadora. Podem também ajudar pessoas transgênero. Eis os passos:

Primeiro: admita que você foi machucado pela religião.
Segundo: volte-se para Deus em busca de ajuda.
Terceiro: examine sua fé.

Quarto: encare e lide com sua raiva.
Quinto: evite pessoas e Igrejas negativas.
Sexto: confronte as Escrituras usadas contra você.
Sétimo: encontre Escrituras de apoio e positivas.
Oitavo: leia e estude os Evangelhos.
Nono: saia do armário e se aceite.
Décimo: desenvolva seu sistema de apoio.
Décimo-primeiro: aprenda a compartilhar sua fé.
Décimo-segundo: torne-se missionário da liberdade.
Décimo-terceiro: dê a si mesmo tempo para sarar e se recuperar.

A realidade dos LGBT+ é complexa e delicada, traz apelos urgentes e constitui um desafio à evangelização. A leitura crítica da Sagrada Escritura, a devida atenção aos resultados das ciências, os diversos matizes da moral e a fidelidade à própria consciência, são elementos do ensinamento da Igreja que constituem um conteúdo rico e dinâmico na vida dos fiéis. Estes elementos, aliados à teologia e à espiritualidade, podem ajudar muito a ação evangelizadora junto àquela população. Não se deve buscar no ensinamento da Igreja, e nem mesmo na Bíblia, um manual de instrução de um eletrodoméstico ou um código moral completo, universal e imutável. Muitas vezes se fazem citações descontextualizadas da Bíblia e simplificações indevidas da doutrina, com extrema rigidez e um terrível ímpeto condenatório dirigido aos LGBT. Alguns falam de "textos do terror" ou de "balas bíblicas" (cap. 3) usadas contra estas pessoas. A pregação, em vez de curar feridas e aquecer o coração, traz mais devastação, e a Palavra do Deus da vida se torna palavra de morte. Não se deve jamais tratar estas pessoas como endemoninhadas a serem exorcizadas, ou submetê-las à oração de "cura e libertação" para mudarem a sua orientação sexual ou identidade de gênero.

Há na Igreja Católica hoje diferentes tipos de apostolado junto aos LGBT. Um deles é o grupo *Courage*, apoiado pela Conferência dos Bispos Católicos dos Estados Unidos. Esta desaconselha pessoas homossexuais a se definirem primeiramente pela sua inclinação sexual, bem como de participarem de "subculturas *gays*", que tendem a promover um estilo de vida considerado imoral (USCCB, 2006, p. 22 e nota 44). Há outros grupos cuja ênfase é a inclusão e a cidadania dos LGBT na Igreja e na sociedade, a cura das feridas, o crescimento na fé e o respeito pela consciência nas escolhas de vida. Grupos como este formam a Rede Global de Católicos Arco-íris (GNRC, 2015). A Diocese de Westminster (Inglaterra), que abrange a cidade de Londres, possui a Capelania LGBT (*LGBT Chaplaincy*) para atendimento pastoral destes fiéis. A Arquidiocese de Santiago, Chile, e a Diocese de Nova Iguaçu, RJ, possuem a Pastoral da Diversidade.

Na mensagem do Papa Francisco aos teólogos, exortando que prossigam no caminho do Concílio Vaticano II e assumam os conflitos que afetam a todos, também consta este desafio: "não vos contenteis com uma teologia de escritório. O vosso lugar de reflexão sejam as fronteiras. E não cedais à tentação de as ornamentar, perfumar, consertar nem domesticar" (FRANCISCO, 2015a). Além de fronteiras geográficas, há também fronteiras sociais, eclesiais e intelectuais, que são lugares de conflitos. Não é possível evitá-los ou controlá-los totalmente. Muitos fiéis cristãos ao longo da história habitaram este lugar, trazendo à Igreja uma contribuição inestimável. Os LGBT+ e seus aliados, dentro ou fora da Igreja, também habitam este lugar. Oxalá tragam à Igreja e à sociedade uma contribuição igualmente inestimável.

Considerações finais

A relação dos LGBT com a sociedade e com a Igreja, ao longo do tempo, tem certa semelhança com a história do povo judeu na era cristã. Não raramente a hostilidade contra ambos estava ligada. Um importante exemplo disto é a época do nazismo. E os ódios daquele tempo ainda têm força. Sobre isto falou o Papa Francisco ao receber no Vaticano cerca de 600 participantes de um congresso internacional de direito penal:

> Confesso que quando ouço alguns discursos, algum responsável pela ordem ou pelo governo, posso pensar nos discursos de Hitler em 1934 e 1936. Hoje. São ações típicas do nazismo que, com a sua perseguição dos judeus, ciganos e pessoas com orientação homossexual, representa o modelo negativo por excelência da cultura do descarte e do ódio. Fizeram assim naquela época e hoje estas coisas nascem de novo. É necessário vigiar, tanto no âmbito civil como eclesial, para evitar qualquer possível comprometimento – que se presume não intencional – com estas degenerações (FRANCISCO, 2019b).

O ódio nazista contra estas populações baseava-se no mito da raça ariana, em que uma raça supostamente superior deveria habitar a Alemanha, eliminando indivíduos e povos considerados perigosos e nocivos. Naqueles anos, também havia no Brasil um certo antissemitismo. Em 1937, o governo brasileiro divulgou uma conspiração atribuída aos comunistas para tomar o poder, contida num plano com um nome judeu: o Plano Cohen. Era uma farsa do governo que serviu para a instauração da ditadura do Estado Novo. O medo do suposto judeu conspirador aliado ao comunismo minou a democracia, e abriu caminho para o autoritarismo.

Este ódio aos judeus remonta a um passado bem longínquo, muito anterior ao nazismo. Há até mesmo raízes no Novo Testamento, em que se atribui a este povo uma culpa coletiva e hereditária pela morte de Jesus Cristo: "O seu sangue caia sobre nós e sobre nossos filhos" (Mt 27,25). Os Evangelhos de Mateus e Lucas consideram a destruição de Jerusalém e de seu Templo, nos anos 70, uma punição divina por esta morte.

A tradição cristã consolidou a imagem do judeu como povo deicida (que matou Deus). Por muitos séculos na liturgia latina da Sexta-feira Santa, orava-se pelos "pérfidos judeus". Originalmente se pensava em pérfidos como não crentes, mas o senso comum logo os associou a traidores. Foram hostilizados por gente simples, confinados em guetos e massacrados por cruzados, bem como por penitentes que se flagelavam publicamente. Foram expulsos de reinos e perseguidos pela Inquisição. No século XVI, Martinho Lutero escreveu contra os judeus, propondo queimar as sinagogas e proibir o culto judaico sob pena de morte. A Alemanha nazista reeditou estes escritos dele, com tiragem de milhões de exemplares.

O antissemitismo moderno e o nazismo têm base secular, alheia ou até em conflito com a religião cristã. Porém, inegavelmente houve pontos de convergência. Somente na década de 1960, com o Concílio Vaticano II, o mundo católico reconsiderou a suposta culpa judaica pela morte de Jesus. Desde então, o povo judeu não deve ser apresentado na pregação e na catequese da Igreja como povo amaldiçoado por Deus. Este é um exemplo da vigilância eclesial, mencionada pelo papa, para se evitar comprometimento com tal degeneração.

A perseguição nazista contra *gays*, por sua vez, também remonta a um passado longínquo, como foi visto (cap. 2). As leis alemãs antes do nazismo já criminalizavam a prática homossexual, mas o regime de Hitler agiu com um rigor implacável e cruel: enviou milhares de homossexuais aos campos de concentração, vestiu-os de uniforme presidiário com um triângulo rosa, submeteu-os à execração e à violência dos demais presos, bem como a experimentos médicos com efeitos devastadores. E, além de tudo isso, o fim do nazismo não aliviou a sorte deles. O governo militar dos aliados manteve os homossexuais encarcerados para continuarem cumprindo pena, ao contrário de outros presos. A homossexualidade continuou criminalizada na Alemanha e a esta situação só começou a mudar na década de 1970.

Hoje, cerca de 70 países ainda criminalizam a prática homossexual. Alguns a punem com a morte. Há pouco tempo, eu ouvi o relato dramático de um africano sobre a aliança perversa de católicos, evangélicos e muçulmanos em seu país para prender e espancar LGBT. Mesmo no Brasil, que recentemente criminalizou a homotransfobia, ainda há tristes e abundantes exemplos de violência física e verbal. Muitos ainda consideram os LGBT nocivos e perigosos, assim como eram considerados os judeus no passado, e veem nos estudos de gênero um braço do comunismo que ameaça a família.

A vigilância para se evitar comprometimento com tal degeneração requer uma ampla revisão de práticas, pregações e formulações doutrinárias no mundo cristão, assim como se fez em relação aos judeus. Ainda há muito a ser feito. Oxalá o alerta do Papa Francisco seja um impulso promissor.

A releitura da tradição em perspectiva inclusiva também deve contemplar o âmbito familiar. Uma das referências fundamentais do imaginário cristão é a Sagrada Família, constituída por Jesus, Maria e José. No tempo de Natal, celebra-se também a família na qual se deu o nascimento de Jesus, que é elevada ao nível exemplar. A celebração litúrgica a propõe como modelo, cujas virtudes devem ser imitadas. É uma família constituída por uma união heterossexual, monogâmica e indissolúvel. Mas como ficam então as outras configurações familiares, tão numerosas na sociedade atual, incluindo as uniões dos LGBT?

Tomando a Sagrada Família como referência fundamental, convém refletir sobre a genealogia de Jesus apresentada nos Evangelhos. Para nós, hoje, aquela lista de nomes pode parecer desnecessária e não fazer sentido. Mas há aspectos importantes e mesmo surpreendentes. No mundo bíblico, mencionar a filiação era a marca da identidade, como por exemplo: Josué, filho de Nun; Simão, filho de Jonas; e Tiago e João, filhos de Zebedeu. Duas genealogias de Jesus são apresentadas: em Mateus (1,1-17) e em Lucas (3,23-38). A linhagem é toda paterna e masculina, conforme o caráter patriarcal da sociedade. Em Mateus, a lista de nomes vai até Abraão, como no início se anuncia: "Genealogia de Jesus Cristo, filho de Davi, filho de Abraão". Com isto, Jesus se vincula ao grande rei, Davi, e ao patriarca dos hebreus e pai dos crentes, Abraão.

Há algo bem original na genealogia de Mateus. Ele menciona quatro mulheres. Não precisaria mencioná-las, como Lucas não o fez. As quatro mulheres mencionadas por Mateus poderiam ser as chamadas quatro mães de Israel: Sara, Rebeca, Lia e Raquel; esposas dos patriarcas Abraão, Isaac e Jacó, respectivamente. Mas não. São mencionadas Tamar, Raab, Rute e "a que fora mulher de Urias" (Betsabé). Quem são estas mulheres?

Tamar foi casada com Oná, que por praticar coito interrompido foi castigado por Deus com a morte. Segundo a lei, Tamar deveria se casar com um irmão de Oná para gerar descendentes na família de seu marido falecido. Mas o seu sogro, o patriarca Judá, não lhe deu seu filho Sela, com quem ela deveria se casar. Então Tamar disfarçou-se de prostituta e seduziu seu sogro, ficando grávida dele. Depois que toda a história veio à tona, Judá reconheceu:

"Ela foi mais honesta do que eu. É que não lhe dei meu filho Sela para marido" (Gn 38,26). Raab era prostituta em Jericó no tempo da conquista de Canaã. Ela protegeu os espiões de Josué. Quando a cidade foi tomada pelos israelitas, seus habitantes foram dizimados, mas Raab e sua família foram poupadas em retribuição à sua colaboração, que foi decisiva para a vitória israelita. Rute era estrangeira, uma ameaça ao povo hebreu pelo perigo dos casamentos mistos e dos costumes pagãos (Sl 106,34-41). A mulher de Urias foi a pessoa com quem Davi cometeu adultério. Ela engravidou, e depois disso Davi tramou a morte de seu marido, que era membro do exército real. A trama teve êxito, e Urias morreu em batalha.

Desta forma, Mateus nos apresenta Jesus, filho de Davi e filho de Abraão, como filho de Tamar, de Raab, de Rute e de Betsabé; alguém que se prostituiu, uma prostituta, uma estrangeira e alguém que cometeu adultério. Com isto, Mateus prepara o leitor do Evangelho para o que ele dirá em seguida: "Maria, sua mãe, estava prometida em casamento a José e, antes de passarem a conviver, ela encontrou-se grávida pela ação do Espírito Santo" (1,18). Portanto, Deus é surpreendente e desconcertante. Da longa saga de Israel, com suas grandezas e misérias, Ele fez nascer o messias, servindo-se de diversas situações humanas e familiares. Nas origens da Sagrada Família, portanto, mencionam-se outras configurações familiares.

Felizmente, hoje vai se abrindo espaço para os que vivem nestas outras configurações. Como foi visto (cap. 3), os bispos brasileiros reconhecem que nas paróquias participam pessoas unidas sem o rito do matrimônio, bem como outras em segunda união ou em união do mesmo sexo. Há também as que vivem sozinhas sustentando os filhos, avós que criam netos, tios que sustentam sobrinhos e crianças adotadas por pessoas solteiras. Os bispos afirmam o desafio de não despejar proibições, mas de "acolher, orientar e incluir nas comunidades". Dentre as configurações enumeradas, certamente a que encontra mais resistência ainda é a união do mesmo sexo. A Exortação *Amoris Laetitia* muito contribui para o acolhimento de todos ao reconhecer que mesmo estando em uma situação considerada irregular, pode-se viver na graça de Deus e receber a ajuda da Igreja que não necessariamente exclui os sacramentos (cap. 3).

As famílias de origem dos LGBT também precisam de ajuda. A grande maioria de seus pais sonhou com filhos cisgênero e heterossexuais, que se casariam com pessoas do sexo oposto e assim lhes dariam netos. Quando esta expectativa não se concretiza, muitas vezes ficam consternados. É algo semelhante ao luto. O filho ou a filha com que sonharam não existe mais. Conviver com esta dura realidade exige paciência e abertura. É preciso exortá-los que os filhos, quaisquer que sejam, são sempre um presente de Deus criador aos pais e à humanidade, assim como a vida de qualquer ser humano. E os pais são para eles um instrumento da Providência divina para que tenham vida, afeto, educação e valores.

Ter filhos LGBT os remete à complexa realidade da diversidade sexual e de gênero. A sociedade e as famílias estão em busca de maneiras razoáveis de se lidar com isto; o mundo cristão e a Igreja Católica, que são parte da sociedade, também. Nenhum ser humano é um mero LGBT, mas é antes de tudo criatura de Deus e destinatário de Sua graça, que o torna filho Seu e herdeiro da vida eterna.

Filmes e vídeos também podem ajudar estes pais. Um deles é bem emblemático e muito recomendável: *Orações para Bobby*, baseado em fatos reais (AARONS, 1995) e lançado na TV norte--americana em 2009. O filme narra a história de Mary Griffith, interpretada pela atriz Sigourney Weaver. Mary é uma mãe presbiteriana arrependida de tentar curar seu filho homossexual, que acabou se matando depois de não aguentar tamanho assédio moral. O drama se passa nos anos 1980 na cidade de Walnut Creek, Califórnia (EUA). Em 27 de agosto de 1983, Bobby Griffith tirou sua vida ao pular de um viaduto sobre uma autoestrada, aos 20 anos de idade, em Portland, Oregon, para onde havia se mudado.

Por anos, ele sofreu uma dura pressão de sua família para deixar sua homossexualidade. Sua mãe, religiosa fervorosa, não admitia a homossexualidade do filho, que considerava doença e abominação, e contra a qual usava a Bíblia para respaldar suas convicções. Bobby tinha um diário, registrando questionamentos a Deus e frases de autorrejeição baseados nos ensinamentos que recebeu. Este registro revela claramente como sua religiosidade, em uma Igreja que o condenava ao inferno, e a falta de apoio da família foram cruciais em sua decisão de acabar com a própria vida.

Anos antes de sua morte, Bobby tinha feito uma primeira tentativa de suicídio, sem êxito. Muito abalado, ele acabou revelando ao próprio irmão a sua homossexualidade, e este levou ao conhecimento da mãe, dando início ao assédio homofóbico. Ela só percebeu que o filho não escolheu ser *gay* quando ele morreu, e depois de pesquisar sobre homossexualidade, algo que lamentou não ter feito antes. Mary tornou-se militante em uma associação de familiares e amigos de *gays* e lésbicas. Aos pais, ela dá um recado: "Eu falei com muitos pais nesses anos. E eu acho que eu só poderia lhes dizer que ouçam seus filhos e não tentem fazer prevalecer suas opiniões sobre as deles".

Oito meses após a morte do filho, Mary deu um depoimento na reunião do conselho municipal, onde se votava a instituição de um dia para celebrar a liberdade *gay*. Este depoimento se tornou em um dos momentos mais marcantes e comoventes do filme:

"Homossexualidade é um pecado. Homossexuais estão condenados a passar a eternidade no inferno. Se quisessem mudar, poderiam ser curados de seus hábitos malignos. Se se desviassem da tentação, poderiam ser normais de novo, se eles ao menos tentassem e tentassem de novo em caso de falha". Isso foi o que eu disse ao meu filho Bobby, quando descobri que ele era *gay*. Quando ele me disse que era homossexual, meu mundo caiu. Eu fiz tudo que pude para curá-lo de sua doença. Há oito meses, meu filho pulou de uma ponte e se matou. Eu me arrependo amargamente de minha falta de conhecimento sobre *gays* e lésbicas. Percebo que tudo o que me ensinaram e me disseram era odioso e desumano. Se eu tivesse pesquisado além do que me disseram, se eu tivesse simplesmente ouvido meu filho quando ele abriu o seu coração para mim, eu não estaria aqui hoje, com vocês, plenamente arrependida. Eu acredito que Deus foi presenteado com o espírito gentil e amável do Bobby. Perante Deus, gentileza e amor é tudo.

Eu não sabia que, cada vez que eu repetia a condenação eterna aos *gays*, cada vez que eu me referia a Bobby como doente, pervertido e perigoso às nossas crianças, sua autoestima e seu valor próprio estavam sendo destruídos. E finalmente seu espírito se arruinou além de qualquer conserto. Não era desejo de Deus que Bobby se debruçasse sobre o corrimão de um viaduto, e pulasse bem em frente a um caminhão de dezoito rodas que o matou instantaneamente. A morte de Bobby foi resultado direto da ignorância e do medo de seus pais quanto à palavra "*gay*".

Ele queria ser escritor. Suas esperanças e seus sonhos não deveriam ser arrancados dele, mas foram. Há crianças como Bobby presentes em suas congregações. Sem que vocês saibam, elas estarão ouvindo quando vocês dizem "amém". E isso logo silenciará as preces delas. Preces para Deus por entendimento, aceitação e pelo amor de vocês. Mas o seu ódio, medo e ignorância sobre a palavra "*gay*" silenciarão essas preces. Então, antes de dizer "amém" em sua casa e lugar de culto, pensem. Pensem e lembrem-se: uma criança está ouvindo.

Esta história tem muita semelhança com tantas outras vividas por LGBT e seus familiares. Homotransfobia mata, e quando não mata pode ferir profundamente. Tal hostilidade não raramente se associa à religião, veiculando uma imagem de Deus que traz uma devastação irreparável. Neste caso, é urgente o trabalho árduo do teólogo cristão de distinguir a mensagem de vida da sua forma de transmissão, dos elementos culturais nos quais em um determinado tempo esta mensagem foi codificada, conforme ensina o Papa Francisco. Não fazer este exercício de discernimento, leva inevitavelmente a trair o conteúdo da mensagem. Faz com que a Boa-nova, verdadeiro sentido do Evangelho, deixe de ser nova e deixe de ser boa, tornando-se uma palavra estéril, vazia de toda sua força criadora, curadora e ressuscitadora. Assim se coloca em perigo a fé das pessoas de nosso tempo (cap. 3). Na história de Bobby Griffith, temos um exemplo cabal e trágico desta negligência. A Boa-nova tornou-se uma péssima notícia. Sua força criadora, curadora e ressuscitadora foi transformada em opressão implacável e veneno letal.

Na tradição judaico-cristã, porém, há imagens e relatos muito positivos e inspiradores sobre o amor de Deus pela humanidade e pela criação. Um dos mais belos é a história do arco-íris, no primeiro livro da Bíblia, o Gênesis. Os primeiros capítulos deste livro foram escritos durante exílio judaico na Babilônia, no século VI antes de Cristo. São uma releitura monoteísta de antigos mitos babilônicos sobre a criação do mundo e o dilúvio. Na Bíblia, após o dilúvio universal no tempo de Noé, Deus estabelece uma aliança eterna com a humanidade e com a criação, cujo sinal é o arco-íris:

> Quando eu cobrir de nuvens a terra, aparecerá o arco-íris nas nuvens. Então me lembrarei de minha aliança convosco e com todas as espécies de seres vivos, e as águas não se tornarão mais um dilúvio para destruir toda carne. Quando o arco-íris estiver nas nuvens, eu o contemplarei como recordação da aliança eterna entre Deus e todas as espécies de seres vivos

sobre a terra". Deus disse a Noé: "Este é o sinal da aliança que estabeleço entre mim e toda a carne sobre a terra" (Gn 9,14-17).

Neste relato, a destruição do mundo e de seus seres vivos não é desejo nem desígnio divino, mesmo que, segundo a cosmologia antiga, isto alguma vez tenha acontecido. Deus é Deus criador, Deus da vida, que quer o bem da criação, na mais ampla diversidade de seus seres.

Passados mais de dois milênios, o movimento LGBT+ adotou a bandeira do arco-íris como seu símbolo. Isto começou em 1978, em São Francisco (EUA), com o artista Gilbert Baker, que fez um modelo com oito cores. Em 25 de junho daquele ano, Dia da Liberdade Gay neste país, as primeiras versões da bandeira foram vistas nas ruas. Depois o modelo foi simplificado, passando a ter seis cores. O artista explicou que sua ideia era promover a ideia de diversidade e inclusão, usando "algo da natureza para representar que nossa sexualidade é um direito humano" (PARKINSON, 2016).

Nessa época, o Brasil vivia sob o jugo de uma ditadura militar. O arcebispo de Olinda e Recife, dom Hélder Câmara, havia se tornado um extraordinário defensor dos pobres e dos direitos humanos, sofrendo forte censura e perseguição do regime. Apesar disso, ele conseguiu publicar um livro de poesias. Por coincidência, era o mesmo ano de 1978 e uma destas poesias falava do arco-íris:

FAZE DE MIM UM ARCO-ÍRIS
que acolha todas as cores
em que se fragmenta
a tua luz!
Faze de mim, sempre mais,
um arco-íris
que anuncie a bonança
depois das tempestades... (CÂMARA, 1978, p. 35).

O arco-íris de dom Hélder e o arco-íris do movimento LGBT+ pertencem a contextos muito diferentes, mas no fundo estão unidos. Ambos defendem direitos humanos, diversidade e inclusão. Pessoas LGBT+ também são imagem e semelhança de Deus neste mundo, cores em que se fragmenta a luz divina na diversidade da criação. Oxalá possam gozar da bonança depois da tempestade e brilhar com todo o seu fulgor.

Referências

AARONS, L. *Prayers for Bobby*: A mother's coming to terms with the suicide of her gay son. Nova York: HarperCollings, 1995.

AL: FRANCISCO. *Exortação pós-sinodal* Amoris Laetitia. Roma, 2016 [Disponível em www.vatican.va].

ALVES, J. *Direito Romano*. Vol. II. Rio de Janeiro: Forense, 1977, n. 282.

APOLODORO. *Contra Neera* [DEMÓSTENES] 59. Coimbra: Imprensa da Universidade de Coimbra, 2013.

AQUINO, T. *Comentario de la Ética a Nicómaco* [Disponível em www.servidoras.org.ar].

AZEVEDO, M. *Entroncamentos e entrechoques*: vivendo a fé em um mundo plural. São Paulo: Loyola, 1991.

AZNAR G., F. "Las parejas no casadas: nota a propósito de algunas publicaciones recientes". In: *Revista española de Derecho Canónico*, n. 53, 1996, p. 811-822.

AZPITARTE, E. *Ética sexual*: masturbação, homossexualismo, relações pré-matrimoniais. São Paulo: Paulus, 1991.

BEAUVOIR, S. *A força da idade*. Rio de Janeiro: Nova Fronteira, 2009.

_____. *O segundo sexo*. São Paulo: Difusão Europeia do Livro, 1970.

BENTO, B. "*Queer* o quê? – Ativismo e estudos transviados". In: *Cult*, n. 193, 2014, p. 42-46.

BENTO XVI. "Carta do Santo Padre Bento XVI". In: *Youcat-Brasil*: catecismo jovem da Igreja Católica. São Paulo: Paulus, 2011, p. 7-8.

_____. *Exortação pós-sinodal* Verbum Domini. Roma, 2010 [Disponível em www.vatican.va].

_____. *Carta encíclica* Caritas in Veritate. Roma, 2009 [Disponível em www.vatican.va].

_____. *Discurso do Papa Bento XVI à Cúria Romana por ocasião dos votos de Feliz Natal.* Roma, 22/12/2008 [Disponível em www.vatican.va].

_____. *Discurso do Papa Bento XVI aos participantes do Congresso sobre lei Moral Natural promovido pela Pontifícia Universidade Lateranense.* Roma, 12/02/2007 [Disponível em www.vatican.va].

_____. *Audiência geral.* Roma, 26/04/2006a [Disponível em www.vatican.va].

_____. *Entrevista do Papa Bento XVI a representantes de canais televisivos alemães e da Rádio Vaticano em preparação para a viagem à Alemanha,* 05/08/2006b [Disponível em www.vatican.va].

BOBBIO, N. *A era dos direitos.* Rio de Janeiro: Campus, 1992.

BOSWELL, J. *Same-sex unions in pre-modern Europe.* Nova York: Villard Books, 1994.

_____. *Cristianismo, tolerancia social y homosexualidad.* Barcelona: Muchnik, 1993.

_____. "Homosexuality and religious life: a historical approach". In: GRAMICK, J. *Homosexuality in the priesthood and the religious life.* Nova York: Crossroad, 1989, p. 3-20.

BUTLER, J. "Judith Butler escreve sobre sua teoria de gênero e o ataque sofrido no Brasil". 19/11/2017 [Disponível em www.folha.uol.com.br].

_____. "Sem medo de fazer gênero: entrevista com a filósofa americana Judith Butler" [entrevista a Úrsula Passos], 20/09/2015 [Disponível em www.folha.uol.com.br].

_____. "La invención de la palabra" [entrevista a Milagros Belgrano R.]. In: *Pagina 12,* 08/05/2009 [Disponível em www.pagina12.com.ar].

_____. *Problema de gênero:* feminismo e subversão da identidade. Rio de Janeiro: Civilização Brasileira, 2008.

_____. "Como os corpos se tornam matéria" [entrevista a Baukje Prins e Irene Costera]. In: *Estudos feministas*, n. 1, 2002, p. 155-167.

CALVEZ, J.-Y. "Morale sociale et morale sexuelle". In: *Études*, n. 3.785, 1993, p. 641-650.

CÂMARA, H. *Mil razões para viver* – Meditações do Padre José. Rio de Janeiro: Civilização Brasileira, 1978.

Carta a uma fundamentalista, 2007 [Disponível em www.diversidade sexual.com.br].

CASTILHO, I. *Judith Butler: queer* para um mundo não binário, 18/09/2015 [Disponível em www.ihu.unisinos.br].

Catecismo Romano (1566). Petrópolis: Vozes, 1951.

CC (CONGREGAÇÃO PARA O CLERO). *O dom da vocação presbiteral*. Vaticano, 2016 [Disponível em www.clerus.va].

CDC *(Código de Direito Canônico)*. Braga: Secretariado Nacional do Apostolado da Oração, 1983 [Disponível em www.vatican.va].

CDF (CONGREGAÇÃO PARA A DOUTRINA DA FÉ). *Carta aos bispos da Igreja Católica sobre a colaboração do homem e da mulher na Igreja e no mundo*. Roma, 2004 [Disponível em www.vatican.va].

_____. *Considerações sobre os projetos de reconhecimento legal das uniões entre pessoas homossexuais*. Roma, 2003 [Disponível em www.vatican.va].

_____. *Algumas reflexões acerca da resposta a propostas legislativas sobre a não discriminação das pessoas* homossexuais. Roma, 1992 [Disponível em www.vatican.va].

_____. *Instrução* Libertatis Conscientia *sobre a liberdade cristã e a libertação*. Roma, 1986a [Disponível em www.vatican.va].

_____. *Carta aos bispos da Igreja Católica sobre o atendimento pastoral das pessoas homossexuais* – Homosexualitatis problema. Roma, 1986b [Disponível em www.vatican.va].

CEA (CONFERENCIA EPISCOPAL ALEMANA). *Respuestas de la Conferencia Episcopal Alemana a las preguntas referentes a la recepción y profundización de la* Relatio Synodi, 20/04/2015 [Disponível em www.sinodofamilia2015.wordpress.com].

CEC (CONGREGAÇÃO PARA A EDUCAÇÃO CATÓLICA). *Homem e mulher os criou*: para uma via de diálogo sobre a questão do *gender* na educação. Vaticano, 2019 [Disponível em www.vatican.va].

_____. *Orientações para a utilização das competências psicológicas na admissão e na formação dos candidatos ao sacerdócio*. Roma, 2007 [Disponível em www.vatican.va].

_____. *Instrução sobre os critérios de discernimento vocacional acerca das pessoas com tendências homossexuais e da sua admissão ao seminário e às ordens sacras*. Roma, 2005 [Disponível em www.vatican.va].

CEF (CONFÉRENCE DES ÉVÊQUES DE FRANCE). *Elargir le mariage aux personnes de même sexe?* – Ouvrons le débat! Paris, 2012 [Disponível em www.eglise.catholique.fr].

CELAM. *V Conferência Geral do Episcopado Latino-americano e do Caribe* – Documento final. Aparecida, 13-31/05/2007 [Disponível em www.dhnet.org.br].

CES (CATHOLIC EDUCATION SERVICE) et al. *Made in God's image*: challenging homophobic and biphobic bullying in catholic schools, 2018 [Disponível em www.catholiceducation.org.uk].

CES (CONFÉRENCE DES ÉVÊQUES SUISSES). *Rapport de l'Eglise Catholique de suisse sur les questions concernant les lineamenta au Synode des Évêques 2015 à Rome*, 05/05/2015 [Disponível em www.eveques.ch].

_____. "Déclaration de la Conférence des Évêques Suisses: la chasteté indépendamment de l'orientation sexuelle". In: *La Documentation Catholique*, n. 2.349, 2006, p. 33.

_____. *Note pastorale 10*: position de la Conférence des Évêques Suisses concernant la bénédiction par l'Eglise de couples homosexuels et l'engagement par l'Eglise de personnes vivant en partenariat homosexuel. Friburgo, 2002 [Disponível em www.eveques.ch10].

CIC (Catecismo da Igreja Católica). Roma, 1997 (ed. provisória, 1992) [Disponível em www.vatican.va].

CIVC (CONGREGAÇÃO PARA OS INSTITUTOS DE VIDA CONSAGRADA E SOCIEDADES DE VIDA APOSTÓLICA). *Po-*

tissimum Institutioni: orientações sobre a formação nos institutos religiosos. Roma, 1990 [Disponível em http://www.santaclaradeestella.es].

CLERO DE CHICAGO. *Carta aberta à hierarquia da Igreja Católica Romana sobre a solicitude pastoral com pessoas gays e lésbicas*. 2003 [Disponível em www.diversidadesexual.com.br].

CNBB (CONFERÊNCIA NACIONAL DOS BISPOS DO BRASIL). *"Homem e mulher os criou": a identidade de gênero na antropologia cristã* – Orientações pastorais. Brasília: CNBB, 2019.

_____. *Comunidade de comunidades*: uma nova paróquia. Brasília: CNBB, 2014.

CNPF (COMISSÃO NACIONAL DE PASTORAL FAMILIAR). *Manual de bioética*: "chaves para a bioética". Brasília, 2013.

COMBY, J. *Para ler a história da Igreja* – I: Das origens ao século XV. São Paulo: Loyola, 1993.

Comunicado del obispo de Cádiz y Ceuta, 01/09/2015 [Disponível em www.es.catholic.net].

CONGAR, Y.-M. *La tradition et la vie de l'Église*. Paris: Cerf, 1984.

COZZENS, D. *A face mutante do sacerdócio*: reflexão sobre a crise de alma do sacerdote. São Paulo: Loyola, 2001.

CTI (COMISSÃO TEOLÓGICA INTERNACIONAL). *O sensus fidei na vida da Igreja*. Roma, 2014 [Disponível em www.vatican.va].

_____. *Em busca de uma ética universal*: novo olhar sobre a lei natural. Roma, 2009 [Disponível em www.vatican.va].

CUÉ, C. "El Papa me pidió perdón; está espantado con los abusos, esto es un tsunami". In: *El País*, 19/05/2018 [Disponível em www.elpais.com].

DALEY, F. "I came out as a gay, catholic priest on the Feast of the Annunciation", 23/03/2018 [Disponível em www.americamagazine.org].

DEBERNARDO, F. *Supreme court marriage equality case will be led by catholic gay couple*, 21/04/2015 [Disponível em www.newwaysministryblog.wordpress.com].

Declaração dos Direitos da Virgínia (1776) [Disponível em www.dhnet. org.br/direitos/anthist/dec1776.htm].

Declaração dos Direitos do Homem e do Cidadão (1793) [Disponível em www.dhnet.org.br/direitos/anthist/dec1793.htm].

Declaração Universal dos Direitos Humanos (1948) [Disponível em www.dhnet.org.br/direitos/deconu/textos/integra.htm].

DELUMEAU, J. À espera da aurora – Um cristianismo para o amanhã. São Paulo: Loyola, 2007.

_____. *O pecado e o medo* – A culpabilização no Ocidente (séculos 13-18). Vol. I e II. Bauru: Edusc, 2003.

DENZIGER, H. & HÜNERMANN, P. *Compêndio dos símbolos, definições e declarações de fé e moral*. São Paulo: Paulinas/Loyola, 2007.

"Difesa dei diritti e ideologia". In: *L'Osservatore Romano*, 20/12/2008 [Disponível em www.tuespetrus.wordpress.com].

DUPONT, G. "Relator de projeto favorável ao casamento *gay* na França se diz confiante, apesar de sofrer ameaças". In: *Boletim eletrônico IHU*, 30/01/2013 [Disponível em www.ihu.unisinos.br].

DV: CONCÍLIO VATICANO II. *Constituição dogmática* Dei Verbum *sobre a revelação divina*. Roma, 1965 [Disponível em www.vatican.va].

EG: FRANCISCO. Exortação apostólica *Evangelii Gaudium*. Roma, 2013 [Disponível em www.vatican.va].

FÉRAY, J.-C. "Une histoire critique du mot homosexualité". In: *Arcadie*, jan.-abr./1981 [Disponível em www.culture-et-debats.over-blog.com].

FRANCISCO. *Discurso do Santo Padre Francisco no encerramento do encontro sobre a proteção de menores na Igreja*. Vaticano, 24/02/2019a [Disponível em www.press.vatican.va].

_____. *Discurso do Papa Francisco aos participantes no Congresso Mundial da Associação Internacional de Direito Penal*. Vaticano, 15/11/2019b [Disponível em www.vatican.va].

_____. *Discurso do Papa Francisco aos participantes na assembleia geral da Conferência Episcopal Italiana (CEI)*. Roma, 21/05/2018a [Disponível em www.vatican.va].

_____. *Carta do Papa Francisco ao povo de Deus.* Vaticano, 20/08/2018b [Disponível em www.vatican.va].

_____. *Rígido mas pelo menos honesto* – Meditações matutinas na santa missa celebrada na capela da Casa Santa Marta, 05/05/2017a [Disponível em www.vatican.va].

_____. *Discurso do Papa Francisco aos participantes no encontro por ocasião do XXV aniversário do Catecismo da Igreja Católica promovido pelo Pontifício Conselho para a Promoção da Nova Evangelização.* Roma, 11/10/2017b [Disponível em www.vatican.va].

_____. *Conferência de imprensa do Santo Padre durante o voo Baku-Roma*, 02/20/2016a [Disponível em www.vatican.va].

_____. *Nunca escravos da lei* – Meditações matutinas na santa missa celebrada na capela da Casa Santa Marta, 24/10/2016b [Disponível em www.vatican.va].

_____. *Carta do Papa Francisco por ocasião do centenário da Faculdade de Teologia da Pontifícia Universidade Católica Argentina*, 03/03/2015a [Disponível em www.vatican.va].

_____. *Audiência geral*, 15/04/2015b [Disponível em www.vatican.va].

_____. *Mensagem do Papa Francisco ao Congresso Internacional de Teologia junto à Pontifícia Universidade Católica.* Buenos Aires, 1-3/09/2015c [Disponível em www.vatican. va].

_____. *Discurso do Papa Francisco na conclusão da XIV Assembleia Geral Ordinária do Sínodo dos Bispos.* Roma, 24/10/2015d [Disponível em www.vatican. va].

_____. *Discurso do Papa Francisco aos participantes no congresso promovido pela Congregação para o clero, por ocasião do cinquentenário dos decretos conciliares* Optatam Totius *e* Presbyterorum Ordinis. Roma, 20/11/2015e [Disponível em www.vatican. va].

_____. *Solenidade de Pentecostes* – Santa missa com os movimentos eclesiais; homilia do Santo Padre Francisco. Roma, 19/05/2013a [Disponível em www.vatican. va].

_____. *Encontro do Santo Padre com os jornalistas durante o voo de regresso do Brasil*, 28/06/2013b [Disponível em www.vatican.va].

_____. *Entrevista ao Papa Francisco* [Pe. Antonio Spadaro], 19/08/2013c [Disponível em www.vatican.va].

GEORGEN, D. "Calling forth a healthy chaste life". In: *Review for Religious*, n. 57 (3), 1998, p. 260-274.

GNRC (GLOBAL NETWORK OF RAINBOW CATHOLICS) [Disponível em www.rainbowcatholics.org].

GRAMICK, J. "Rompendo o silêncio". In: *Época*, 12/12/2005 [Disponível em www.revistaepoca.globo.com].

GRANADA, L. *Guía de pecadores* (1556-1557). Santiago de Compostela, 2007.

GREEN, J. & POLITO, R. *Frescos trópicos* – Fontes sobre a homossexualidade masculina no Brasil. Rio de Janeiro: José Olympio, 2006.

GREITEN, G. "Parish priest breaks the silence, shares that he is gay", 18/12/2017 [Disponível em www.ncronline.org].

GROCHOLEWSKI, Z. "Quando não é oportuno admitir ao sacerdócio". In: *30 dias*, n. 11, 2005, p. 24-26.

GS: CONCÍLIO VATICANO II. *Constituição pastoral* Gaudium et Spes *sobre a Igreja no mundo atual*. Roma, 1965 [Disponível em www.vatican.va].

HALL, S. *A identidade cultural na Pós-modernidade*. Rio de Janeiro: DP&A, 2001.

HÄRING, B. "Sessualità". In: ROSSI, L. & VALSECCHI, A. *Dizionario Enciclopedico di Teologia Morale*. Roma: Paoline, 1973.

HERCULANO-HOUZEL, S. "O cérebro homossexual". In: *Mente & cérebro*, n. 165, 2006, p. 46-51.

HERNÁNDEZ, A. "El bendito encuentro entre Francisco y Diego". In: *Hoy*, 26/01/2015 [Disponível em www.hoy.es].

Intervenção do representante da Santa Sé: a propósito da "Declaração sobre os direitos humanos, orientação sexual e identidade de gênero" promovida pela presidência francesa da União Europeia, 18/12/2008 [Disponível em www.vatican.va].

IRIGARAY, H.A.R. "Gays no mundo corporativo: rompendo o pacto do silêncio". In: *O social em questão*, n. 20, 2008, p. 110-141.

JESUS, J. *Orientações sobre identidade de gênero*: conceitos e termos. Brasília, 2012 [Disponível em www.sertao.ufg.br].

JOÃO XXIII. *Carta encíclica* Pacem in Terris. Roma, 1963 [Disponível em www.vatican.va].

_____. *Discurso de Sua Santidade o Papa João XXIII na abertura solene do SS. Concílio*. Roma, 11/10/1962 [Disponível em www.vatican.va].

JOÃO PAULO II. *Carta encíclica* Redemptoris Missio. Roma, 1990 [Disponível em www.vatican.va].

JUSTINO DE ROMA. *I e II apologias* – Diálogo com Trifão. São Paulo: Paulus, 1995.

LACTANCIO. *Instituciones divinas*. Madri: Gredos, 1990.

LANCELLOTTI, J. *Facebook*, 09/06/2015 [Disponível em www.facebook.com/AmigoseTribos].

LANDES, R. "Matriarcado cultual e homossexualidade masculina". In: *A cidade das mulheres*. Rio de Janeiro: Civilização Brasileira, 1967, p. 283-296.

LEERS, B. & TRASFERETTI, J. *Homossexuais e ética cristã*. Campinas: Átomo, 2002.

LEHMANN, K. "Le service presbytéral requiert l'homme tout entier". In: *La Documentation Catholique*, n. 2.349, 2006, p. 36.

LIMA, L. "Divorciados recasados diante dos sacramentos". In: *REB (Revista Eclesiástica Brasileira)*, n. 239, 2000, p. 641-649.

LS: *Carta encíclica* Laudato Si' *do Santo Padre Francisco sobre o cuidado da casa comum*. Roma, 2015 [Disponível em www.vatican.va].

MANCINA, C. "Simone de Beauvoir, mãe do feminismo". In: *L'osservatore Romano*, 01/09/2016 [Disponível em www.osservatoreromano.va/pt/news].

MARTINI, C. & SPORCHILL, G. *Diálogos noturnos em Jerusalém*: sobre o risco da fé. São Paulo/Rio de Janeiro: Paulus/PUC-Rio, 2008.

MASIÁ, J. *Sexualidad pluriforme y pastoral inclusiva*, 04/03/2015a [Disponível em www.religiondigital.org].

_____. *Sexualidad pluriforme y educación inclusiva en la vida de las iglesias*, 16 /05/2015b [Disponível em www.crismhom.com].

_____. "Bendecirán las iglesias a parejas LGTB casadas civilmente"? In: *Vivir y pensar en la frontera*, 23/10/2015c [Disponível em www.cristianosgays.com].

MEC (MINISTÉRIO DA EDUCAÇÃO). "Resolução CNE/CP 1/2018". In: *Diário Oficial da União*. Brasília, 22/01/2018, seção 1, p. 17 [Disponível em www.direito.mppr.mp.br].

MOSER, A. "Apenas questão de gênero"? In: *REB (Revista Eclesiástica Brasileira)*, n. 301, 2016, p. 44-74.

MUSSKOPF, A. "*Queer*: teoria, hermenêutica e corporeidade". In: TRASFERETTI, J. *Teologia e sexualidade*: um ensaio contra a exclusão moral. Campinas Átomo, 2004, p. 179-210.

NEOTTI, C. *Cem anos da Revista de Cultura Vozes*. São Paulo, 2007 [Disponível em www.intercom.org.br].

OAB (ORDEM DOS ADVOGADOS DO BRASIL – CONSELHO FEDERAL). *Anteprojeto do estatuto da diversidade sexual e de gênero*, 2017.

OBAMA, B. *Inaugural address by President Barack Obama*. Washington, 21/01/2013 [Disponível em www.obamawhitehouse.archives.gov].

OCQ (OFFICE DE CATECHESE DU QUEBEC). *La force des rencontres* – Homme et femme il les créa. Montréal: Fides, 1976. In: DURAND, G. *Sexualidade e fé*: síntese de teologia moral. São Paulo: Loyola, 1989.

OLIVEIRA, J. *Acompanhamento de vocações homossexuais*. São Paulo: Paulus, 2007.

ORAISON, M. *Reconciliación:* memorias. Salamanca: Sigueme, 1969.

Ordenações filipinas on-line (texto de 1603) [Disponível em http://www1.ci.uc.pt/ihti/proj/filipinas].

PARKINSON, J. *Por que a bandeira do arco-íris se tornou símbolo do movimento LGBT?*, 20/01/2016 [Disponível em g1.globo.com].

PIO X. *Fin dalla prima*. Roma, 18/12/1903 [Disponível em www.vatican.va].

PIO XI. *Carta encíclica* Casti Connubii *sobre el matrimonio cristiano*. Roma, 1930 [Disponível em www.vatican.va].

PIO XII. "Sobre o apostolado das parteiras: questões morais de vida conjugal". In: *Documentos Pontifícios*, n. 82. Petrópolis: Vozes, 1952.

_____. *Divino afflante spiritu*. Roma, 1943 [Disponível em www.vatican.va].

POMPEU, R. "Questionário para heterossexuais". In: *Caros Amigos*, mai./2008.

PCB (PONTIFÍCIA COMISSÃO BÍBLICA). *"Che cosa è l'uomo?" (Sal 8,5)*: un itinerario di antropologia biblica. Vaticano, 2019 [Disponível em www.vatican.va].

PCF (PONTIFÍCIO CONSELHO PARA A FAMÍLIA). *Familia y derechos humanos*. Vaticano, 1999 [Disponível em www.vatican.va].

RADCLIFFE, T. "Can gays be priests"? In: *The Tablet*, 26/11/2005 [Disponível em charlescarrollsociety.com].

RAHNER, K. "El cristiano mayor de edad". *Razón y Fe*, n. 1, 1982, p. 33-43.

RATZINGER, J. "Hacia una teología del matrimonio". In: *Selecciones de Teología*, n. 35, 1970, p. 237-248.

_____. "The transmission of divine revelation". In: VORGRIMLER, H. (org.). *Commentary on the* Documenta *of Vatican II*. Vol. 3. Nova York: Herder and Herder, 1969.

"Resolução n. 11, de 18 dez. 2014". In: *Diário Oficial da União*. Brasília, 12/03/2015, n. 48, seção 1, p. 2 [Disponível em www.lex.com.br].

ROUGHGARDEN, J. "Homossexualidade como traço adaptativo". In: *Mente & Cérebro*, n. 185, 2008, p. 50-55.

SALZMAN, T. & LAWLER, M. "Sinalização do início de abertura na Igreja". In: *IHU on-line*, n. 483, 2016 [Disponível em www.ihuonline.unisinos.br].

_____. *A pessoa sexual* – Por uma antropologia católica renovada. São Leopoldo: Unisinos, 2012.

SEGNI, L. (Pope Innocent III). *De miseria condicionis humane*. Athenas: The University of Georgia Press, 1978.

SÍNODO DOS BISPOS. *Os desafios pastorais sobre a família no contexto da evangelização*: documento preparatório. Vaticano, 2013 [Disponível em www.vatican.va].

SNOEK, J. "Eles também são da nossa estirpe – Considerações sobre a homofilia". In: *Vozes*, set./1967, p. 792-803 [Disponível em www.diversidadesexual.com.br].

STF (SUPREMO TRIBUNAL FEDERAL). *Decisão*, 13/06/2019 [Disponível em http://portal.stf.jus.br/processos/downloadTexto.asp?id=4848010&ext=RTF].

TÉMOIGNAGE CHRÉTIEN. *Mariage pour tous, un progrès humain*, 14/12/2012 [Disponível em temoignagechretien.fr].

TRULUCK, R. *Steps to recovery from bible abuse*. Gaithersburg: Chi Rho, 2000.

UR: CONCÍLIO VATICANO II. *Decreto* Unitatis Redintegratio *sobre o ecumenismo*. Roma, 1964 [Disponível em www.vatican.va].

USCCB (UNITED STATES CONFERENCE OF CATHOLIC BISHOPS). *Ministry to persons with a homosexual inclination*: guidelines for pastoral care. Washington, DC, 2006 [Disponível em www.usccb.org].

_____. *Always our children*: a pastoral message to parents of homosexual children and suggestions for pastoral ministers. Washington, DC, 1997 [Disponível em www.usccb.org].

VEYNE, P. "A homossexualidade em Roma". In: ARIÈS, P. & BÉJIN, A. (org.). *Sexualidades ocidentais*. São Paulo: Brasiliense, 1985, p. 39-49.

VIDAL, M. *Sexualidade e condição homossexual na moral cristã*. Aparecida: Santuário, 2008.

VIDE, S.M. *Constituições primeiras do Arcebispado da Bahia* (1707). Brasília: Senado Federal, 2007.

VIEIRA, H. "Teoria *queer*, o que é isso"? In: *Fórum*, 07/06/2015 [Disponível em www.revistaforum.com.br].

WIKIPEDIA. *Karl-Maria Kertbeny* [Disponível em www.pt.wikipedia.org/wiki].

YOSHINO, K. *Covering*: the hidden assault on our civil rights. Nova York: Random House, 2006.

LEIA TAMBÉM:

A humanidade de Jesus

José Maria Castillo

Só é possível alcançar a plenitude "do divino" na medida em que nos empenhamos para atingir a plenitude "do humano". Só podemos chegar a ser "mais divinos" fazendo-nos "mais humanos". Esta proposta tem que invadir e impregnar toda a vida e a atividade da Igreja: sua teologia, seu sistema organizativo, sua moral, suas leis, sua presença na sociedade e sobretudo a vida e a espiritualidade dos cristãos.

É uma proposta que brota do próprio centro da fé cristã: o Deus do cristianismo é o "Deus encarnado". Ou seja, o "Deus humanizado", que se deu a conhecer num ser humano, Jesus de Nazaré. Entretanto, ocorre que, na história do cristianismo, a humanidade de Jesus, bem como suas consequências, foi mais difícil de ser aceita do que a divindade de Cristo. Esta dificuldade nos exige encarar a seguinte pergunta: Quem ocupa realmente o centro da vida da Igreja, Jesus e seu Evangelho ou São Paulo e sua teologia? Não se trata da velha questão sobre quem fundou a Igreja. A Igreja tem sua origem em Jesus. Ela, portanto, tem seu centro em Jesus, o Messias, o Senhor, o Filho de Deus. Porém, mesmo tendo isto por pressuposto, não se pode negligenciar esta pergunta imperativa.

A partir dela surgem outras perguntas: De onde ou de quem foram tomados os grandes temas que são propostos e explicados na teologia católica? Em que e como se justificam o culto, os ritos e, em geral, a liturgia que se celebra em nossos templos? A partir de quem e de quais argumentos se legitima o modo de governo que se exerce na Igreja? Que forma de presença na sociedade a Igreja deve ter? Por que o cristianismo aparece mais como uma religião e muito menos como a presença do Evangelho de Jesus em nosso mundo? Enquanto a Igreja não enfrentar seriamente estas questões, dando-lhes as devidas respostas, dificilmente ela recuperará sua identidade, e tampouco cumprirá sua missão no mundo.

Na presente obra, José Maria Castilho busca respostas para as várias perguntas que surgem quando se trata da humanidade de Jesus.

José Maria Castillo nasceu em Granada (Espanha) em 1929. É doutor em Teologia pela Universidade Gregoriana de Roma. Lecionou em Granada, Roma e Madri, sendo professor-convidado em São Salvador. Fundador e membro da direção da Associação de Teólogos e Teólogas João XXIII, e autor de dezenas de obras de teologia e espiritualidade. Tem publicada pela Vozes a obra *Jesus: a humanização de Deus*.

Conecte-se conosco:

 facebook.com/editoravozes

 @editoravozes

 @editora_vozes

 youtube.com/editoravozes

 +55 24 2233-9033

www.vozes.com.br

Conheça nossas lojas:

www.livrariavozes.com.br

Belo Horizonte – Brasília – Campinas – Cuiabá – Curitiba
Fortaleza – Juiz de Fora – Petrópolis – Recife – São Paulo

  Vozes de Bolso

EDITORA VOZES LTDA.
Rua Frei Luís, 100 – Centro – Cep 25689-900 – Petrópolis, RJ
Tel.: (24) 2233-9000 – E-mail: vendas@vozes.com.br